프랑스 아기의 이유식은 다르다

생애 최초 주스부터 **3세 이유식**까지, 프랑스 엄마의 정성 가득 **레시피**

도림북스

프랑스 아기의 이유식은 다르다

생애 최초 주스부터 3세 이유식까지,
프랑스 엄마의 정성 가득 레시피

지은이 MamanChef / 사진 Claire Curt / 스타일 Garlone Bardel

CONTENTS

젊은 부모들을 위한 마망 셰프(엄마 요리사)의 철학 _ 8

다양한 식재료를 위한 추천사항 _ 10

요리에 필요한 도구 준비와 용도 _ 12

4개월부터 5개월

내 생애 첫 채소 주스 _ 18

내 생애 첫 과일 주스 _ 20

젖병에 들어가는 다양한 물 _ 22

다양한 채소 육수 _ 24

호박, 펜넬, 당근이 들어간 수프 _ 26

귀리 우유 젖병 _ 28

밀가루로 만든 죽 _ 30

집에서 만드는 사과 콤포트 _ 32

프로마주 블랑을 넣은 간식용 콤포트 _ 34

찐 바나나 _ 36

아보카도를 곁들인 바나나 _ 38

타피오카 바나나 _ 40

6개월부터 8개월

다양한 과일 주스 _ 44

클래식한 사과 콤포트 _ 46

아몬드를 넣은 우유 _ 48

귀리로 만든 죽 _ 50

녹색 완두콩 요리 _ 52

증기로 익힌 채소들 _ 54

프렌치 스타일 삶은 달걀 _ 56

다양한 종류의 감자 퓌레 _ 58

아티초크, 감자 수프 _ 60

아티초크, 보리 수프 _ 62

래디시 잎 수프 _ 64

프로마주 블랑을 넣은 하몽 무스 _ 66

핑크 자몽을 넣은 닭가슴살 _ 68

버섯을 넣은 닭가슴살 _ 70

요거트와 감자와 흰살 생선 _ 72

쁘띠-스위스를 곁들인 과일 간식 _ 74

사과, 바나나 무스 _ 76

유산지를 이용해 찐 바닐라-배 _ 78

익히지 않은 멜론 수프 _ 80

씨 있는 과일 콤포트 _ 82

바나나 캐러멜 _ 84

세몰리나를 이용한 작은 푸딩 _ 86

처음 만나는 비스킷 _ 88

9개월부터 12개월

우유 파스타 _ 92

토마토, 아보카도와 새우 _ 94

익힌 봄철 채소 _ 96

넙치를 만난 상추와 브로콜리 _ 98

농어, 토마토와 파스타 면이 만난 빠삐요뜨 _ 100

파와 감자가 들어간 성대 수프 _ 102

간으로 만든 무스와 빵 _ 104

쿠스쿠스와 근대를 곁들인 닭고기 _ 106

송아지 고기와 호박, 레몬이 들어간 퓌레 _ 108

밤을 곁들인 칠면조 _ 110

단호박과 감자를 곁들인 소고기 그라탱 _ 112

딸기 수프 _ 114

요거트와 말린 과일이 들어간 간식 _ 116

치즈, 포도 딱띤 _ 118

산뜻한 프로마주 블랑과 산딸기 _ 120

밥으로 만든 머핀 _ 122

살구 크림 _ 124

초콜릿, 헤이즐넛 미니케이크 _ 126

12개월부터 24개월

오렌지향이 나는 우유 _ 130

다양한 죽과 밀크세이크 _ 132

달걀을 넣은 브리오슈 _ 134

곱게 간 당근과 오렌지주스 _ 136

참깨를 넣고 볶은 시금치 _ 138

멕시칸 샐러드 _ 140

코코넛 우유를 넣은 호박 크림 _ 142

브로콜리가 들어간 미니 라비올리 _ 144

요거트 아이올리 소스를 곁들인 생선과 채소 _ 146

마리네이드 연어 _ 148

얇은 감자 타르트와 돼지고기 안심 _ 150

으깬 고구마와 닭 간 _ 152

새우를 곁들인 밥과 익힌 바나나 _ 154

다양한 재료로 만드는 메밀 갈레트 _ 156

블루베리를 넣은 티라미수 _ 158

과일, 꽃 튀김 _ 175

송아지 고기와 아몬드를 곁들인 파스타 _ 176

돼지 갈빗살과 옥수수 _ 178

버섯 퓌레, 소고기 로스팅 _ 180

내 아기를 위한 생일 케이크 _ 182

집에서 만드는 다양한 레모네이드 _ 184

24개월부터 36개월

다양한 스프레드 _ 162

삐에로 식사 _ 164

달걀이 들어간 미니 샌드위치 _ 166

일요일의 브런치 _ 168

잼을 넣은 크레이프 _ 170

염소치즈로 만든 춘권 _ 172

달걀, 완두콩, 파를 넣은 수프 _ 174

계량 단위와 이에 상응하는 무게 _ 186

재료별 레시피 색인 _ 188

일러두기

- 외래어표기법을 우선하므로 원어의 발음과 다소 차이가 있습니다.
- '먹는 샘물'은 원서의 미네랄워터를 표현한 것이며, 생수를 사용합니다.
- '★' 익숙하지 않은 프랑스 조리용어나 재료를 설명합니다.

젊은 부모들을 위한
마망 셰프(엄마 요리사)의 철학

아이의 육아에는 두 가지 요소가 필수적으로 요구된다. 사랑과 육체적인 보살핌은 아이의 성장에 기여하고, 균형 있는 영양분 섭취는 발육에 도움을 준다.

처음 젖이나 젖병을 물기 시작할 때부터 대부분의 부모들은 포만감에서 오는 편안함뿐 아니라 아이와의 접촉 또한 중요하다는 것을 인지한다. 피부에서 전해지는 따뜻함과 촉감, 냄새 교류, 시선 교환 등은 아이와 부모 사이에 내면의 연결 요소가 된다.
생후 1개월의 아기들에게는 젖병 수유의 빈도가 높아 엄마, 아빠와 서로 소통할 수 있는 좋은 시기이다. 이 시기는 아기에게 있어서 생존과 먹는다는 의미가 서로 합쳐지게 된다. 그리고 세상에 대한 이해는 대부분 젖꼭지라는 상호작용의 순간들을 통해 이루어진다. 아기들이 기쁨과 맛 또는 거부감 등을 이해하는 건 바로 입을 통해서이고, 아기들이 무의식적인 방법으로 육체를 통해 표현하는 건 소화에 의해서이다.

생후 1개월의 균형을 지키기 위해서 다양한 음식물에 집중하는 것은 중요한 일이다.

아기의 후각과 감각은 퓨레(채소를 익혀 곱게 으깬 음식)와 주스와 포타주(고기와 채소를 넣어서 진하게 끓인 스프)의 맛을 보면서 발달한다. 잘못 이해된 정보보다 이런 관점의 이해를 통해 당신은 미소와 유연성을 얻게 된다. 어떤 날은 먹지 않던 퓨레이지만 며칠 뒤에 다른 형태로 만들어서 먹일 수도 있다. 당신의 아기를 이해하기 위해 알아야 할 것들은, 조금 먹는지 많이 먹는지, 향에 민감한지, 호기심이 많은지, 장이 약한지 등이다. 이런 이해는 아기가 이유식을 받아들이는 것을 좀 더 유연하게 해주고, 덜 불안하게 해준다. 하지만 부모들은 아기가 조금 먹는 것에 대해 불안해한다. 세상에 어떤 아기들도 배고프게 내버려둬서 죽음에 이르는 일은 없음에도 불구하고.

먹는 것에 적응한다는 것은 아기들 또한 음식물에 있는 지방이나 당의 비율을 조절할 수 있게 된다는 의미이다. 과체중이나 당뇨병을 일으키는 가장 첫 번째 원인이 무절제인 것은 이미 증명되었다. 신선하고 자연 그대로의 식재료, 과일과 채소, 곡물과 콩류에 기반을 둔 다양한 요리는 동물성 단백질을 섭취하는 첫걸음이 된다. 이런 걸음은 삶에 있어 큰 도움이 된다.

부모들의 요리는 사랑과 공유된 감정이라는 표현으로 남겨질 것이다. 이러한 표현들은 언제나 그렇듯이 아이들의 성장을 이끌어준다.

MamanChef.fr

다양한 식재료를 위한 추천사항

≫ 식재료의 다양화 ≪

3개월 때부터, 아기에게 우유만으론 부족하다. 다른 음식물이 필요하다. 식재료의 다양화는 과일이나 채소, 우유를 기본으로 하는 죽으로 시작한다. 여기에 약간의 밀가루를 첨가하는 것도 가능하다. 처음 시도는 글루텐이 없는 가루부터 시작한다. 쌀, 옥수수, 보리, 귀리 등… 사실 글루텐이 모든 아기들에게 거부반응을 일으키진 않는다.

다음에 나오는 모든 정보는 참고사항이다. 당연히 소아과 의사의 전문가적인 의견과 발생할 수 있는 부작용, 아기의 체중이나 민감성 등을 준수해야 한다.

과일 : 잘 섞인 콤포트(설탕 절임류)의 형태로 5~6개월부터 먹일 수 있다. 7개월부터는 잘 익은 과일을 포크로 으깨 날 것으로 줄 수 있다. 과일은 비타민이 풍부하다.

고기와 생선 : 6개월 때부터 10~15g 정도의 양을 아기에게 줄 수 있다. 점차적으로 24개월부터 36개월의 아기들에게 25~35g까지 양을 점차적으로 늘려준다. 흰살 고기류를 먼저 선택한다. 생선의 경우에는 기름이 없는 종류를 고른다. 대구, 아귀, 가자미… 고기와 생선은 단백질의 원천이기 때문에 아기의 성장에 꼭 필요하다.

채소 : 이 식재료들은 5개월 되는 아기들의 메뉴에 사용한다. 신선한 채소들은 5개월에서 6개월의 아기들에게는 대략 50~100g 정도, 6개월에서 12개월의 아기들에게는 200~240g 정도까지 점심과 저녁 식사에 제공한다. 채소들은 탄수화물과 비타민, 미네랄과 무기염류를 함유한다.

달걀 : 주의하자! 달걀흰자는 알레르기를 유발할 수도 있다. 9개월부터 아기식사에 넣을 수는 있는데, 너무 일찍부터 먹이지 않는다. 노른자는 6개월부터 먹을 수 있다. 노른자는 지질과 비타민 A, D가 풍부하다.

유제품 : 칼슘이 풍부한 유제품들은 아기들의 뼈 성장에 필수불가결한 요소이고, 우유에는 아기의 필수 영양분이 풍부하다. 아기들은 2살 때까지는 우유 섭취에 거부 반응을 보이기도 한다. 이럴 때 점차적으로 치즈로 대체할 수 있다. 9개월부터, 신선한 치즈 한 숟가락을 채소 퓌레에 넣어서 먹일 수 있다. 12개월쯤 됐을 때 아기의 미각을 자극하기 위해 입맛을 돋우는 치즈를 이용한다. 프랑슈콩테 지방의 치즈(comté), 사부아 지방의 보포르 치즈(beaufort), 깡딸 지방의 엉트르-두(entre-deux), 로프 지방의 염소 젖치즈 카베쿠(cabécou) 등

아기가 12개월이 넘어서면 우유와 다른 유제품을 준다. 쁘띠 스위스(petit suisse)*, 요거트, 프로마주 블랑(fromage blanc)*, 기타 치즈들. 망설이지 말고 유제품과 과일을 섞어서 주는 것을 시도해보자.

* 쁘띠 스위스(petit-suisse) : 주로 설탕과 곁들여 먹는 생크림 치즈
* 프로마주 블랑(fromage blanc) : 화이트 크림치즈

감자, 면, 밀, 그리고 쌀 : 감자는 생후 5개월부터 먹일 수 있고, 모든 퓌레와 잘 어울린다. 면, 밀가루와 쌀은 7개월째부터 우유나 채소 퓌레와 함께 먹일 수 있다.

콩류 : 신선한 채소와 반대되는 개념으로, 약 15개월부터 먹일 수 있다. 퓌레 형태나 으깬 형태로 이용한다. 콩류는 전분 성분과 결합하여 고기나 생선에서 나오는 단백질과 유사한 단백질이 되고, 생선이나 고기보다 훨씬 저렴하다.

빵과 비스킷 : 6개월부터 비스킷이나 빵을 아기에게 줄 수 있다. 우선 르뱅(천연 발효)을 이용한 빵으로 캄파뉴 정도의 단단한 빵을 부드러운 식빵보다 먼저 먹이는 게 좋다. 이렇게 함으로써 아기들이 커가면서 단단한 식재료를 섭취하는 습관을 길러줄 수 있기 때문이다.

지방 성분 : 6개월 이후부터 아기들의 식사에 지방 성분을 조금씩 넣어 줄 수 있다. 3살까지는 엑스트라 버진(올리브오일, 호두, 유채 등) 1t 정도나 버터 1조각이면 한 끼 식사에 들어가는 양으로 충분하다. 이런 지방 성분은 맛이라는 영역으로 이

끌어주고, 맛이 풍부한 퓌레를 만드는 데 훌륭한 결합 요인이 된다.

간단한 요약 정리

우유 : 모유 또는 1세용 우유는 생후부터 해당, 2세용 우유는 7개월 경과부터 해당

유제품 : 쁘띠 스위스, 요거트, 프로마주 블랑은 생후 6개월부터 가능. 치즈류는 24개월부터 가능

과일 : 5개월부터 콤포트 형태로, 골고루 섞였거나 으깬 상태로 가능. 익히지 않은 과일이나 작은 조각은 12~15개월부터 섭취 가능

채소 : 5개월부터 곱게 간 퓌레 형태나 으깬 형태로 섭취 가능

콩류 : 15개월부터 섭취 가능

빵류 : 6개월부터 가능

고기, 생선류 : 6개월부터 퓌레와 섞어서 섭취 가능

달걀류 : 노른자는 6개월부터, 흰자는 9개월부터 섭취 가능

감자 : 5개월부터 퓌레 형태 또는 작은 조각이나 으깬 상태로 섭취 가능

요리에 필요한 도구 준비와 용도

첫 식사를 준비하기 위해서는 증기를 이용하는 찜기, 포타주(수프)와 퓌레를 가는데 사용하는 믹서가 필요하다. 이런 도구들은 아기의 식사 용량을 위해 특별히 고안되었다. 만약 아기의 성장과정에 따라 바른 먹거리를 구매하고 이런 도구들을 사용한다면, 예를 들어 찜기를 구매한다고 치면 이 기구는 젖병소독뿐만 아니라 모든 가족들을 위한 생선이나 채소를 익히는데도 사용될 수도 있다는 것을 감안하여 구매한다. 이런 다양한 기구들의 이름에는 '작은(petit)'이라는 형용사가 붙어있다. 이 단어는 현재 주거형태의 주방에서 꽤 중요한 의미를 가진다. 적당한 크기의 도구들은 정리가 쉽고, 설거지할 경우 훨씬 빨리 할 수 있는 장점이 있다.

- 에코놈(économe)* : 당근이나 감자의 껍질을 재빨리 벗길 때 사용하는 필수도구다. 또한 치즈를 슬라이스할 때 사용하기도 한다.
  * 채소나 과일의 껍질을 벗기는데 사용하는 도구
- 작은 칼(couteau d'office) : 잘 갈려진 이 칼은 채소를 말끔하게 정육면체로 썰 때 사용한다.
- 원심 분리형 착즙기 : 신선한 과일이나 채소의 즙을 추출할 때 사용한다.
- 가위(paire de ciseaux)* : 이름에도 언급된 것처럼, 가위는 허브를 잘게 자르는 데 필요하다. 또한 봉투나 포장을 여는 데도 사용한다.
  * 불어로 가위는 ciseaux인데, 요리용어 중 작게 자르다는 ciseler와 원형이 동일하여 붙게 된 명칭
- 손잡이가 달린 채소 강판 : 익힌 채소를 으깨서 퓌레로 만들 때 사용한다. 마늘 다지기 같은 종류의 도구
  * 평평하게 가는 구멍이 있거나 지그재그로 구멍이 나있는 도구

- 작은 용기나 비닐팩 : 식혀서 냉장보관 하거나 미리 썰어둔 식재료를 냉동보관 할 때 사용한다. 이렇게 보관하면 냄새와 미생물의 번식을 방지할 수 있다.
- 믹서 : 아기가 작은 조각으로 잘라 먹을 수 있는 치아가 나기 전인 8개월 전까지, 식재료를 액상화할 때 사용한다.
- 찜기 : 비타민과 식재료의 고유한 맛을 유지하기 위해 사용한다.
- 작은 거름망 : 액체 속에 있는 침전물을 걸러낼 때 사용한다.
- 작은 강판 : 다양한 크기의 이가 있는 강판으로 당근이나 치즈 또는 감귤류의 껍질 등을 벗길 때 사용한다.
- 뚜껑이 달린 작은 냄비 : 작은 양의 식재료를 약한 불로 천천히 졸일 때 사용한다.
- 실리콘 매트나 유산지 : 비스킷이나 면 등을 포장하거나 놓을 때 사용하거나 유산지에 직접 식재료를 놓고 묶어 오븐에 익힐 때 사용한다.

익히기

- 증기로 찌기 : 이 방법은 고유의 맛과 식재료에 포함된 대부분의 비타민을 보존해준다.
- 유산지로 싸서 익히기(papillote) : 증기로 찌는 방법보다 더 좋은 방법이다. 같은 장점이 있고, 더불어 처음 발견하게 될 맛들을 첨가할 수 있다. 신선한 허브들(처빌, 바질, 파슬리 등)이나 강황 같은 부드러운 향신료를 곁들일 수 있다.
- 볶거나 팬에 굽기 : 버터나 기름 성분을 이용한 이 방법은 생선이나 고기, 채소 등에 특별한 맛을 더해 줄 수 있는 방법이다.

- **포타주 또는 은근한 불로 천천히 익히기(potage ou mijote)** : 이렇게 익히는 방법은 주재료와 양념을 하나로 조화롭게 모아주는 장점이 있다. 식감은 부드럽게 되고, 맛은 덜 분산되어 향을 더욱더 돋워주기 때문에 아기들이 좋아한다.

- **튀기기** : 기름에 튀겨 익히는 방법은 기름진 식감과 함께 바삭한 맛을 느끼게 해준다. 대부분의 아기들이 좋아하지만, 1주일에 1번 정도로 제한해야 한다.

- **물, 육수 또는 우유에 익히기** : 익히는 과정에서 익힌 채소와 액체들이 섞이고 육수나 우유의 경우 음식에 향을 더해주는 역할을 한다.

- **콤포트(compote, 설탕에 절이기)** : 모든 과일을 소화할 수 있게 하는 단맛으로 이끌어 주는 익힘 방법이다.

- **콩피(confit, 약한 불로 오랫동안 익히기)** : 이렇게 오랫동안 천천히 익히는 방법은 수분의 증발로 인해 맛을 농축시킨다. 또한 고기의 지방 성분이나 과일의 당분을 농축시키는 역할을 하기도 한다.

마지막으로, 가공하지 않은 상태의 식재료는 음식물 본연의 맛과 식감을 알게 해준다. 하지만 주의해야 할 것은 바나나 플랑탱*을 익혀 먹는 경우처럼, 전분이나 섬유질 성분 때문에 소화가 안 되는 경우도 생길 수 있다는 것이다.

* banane plantain : 바나나와 흡사한 열대과일이며 크기는 바나나보다 크다. 익히지 않고 먹을 경우 소화가 어렵기 때문에 구워 먹던지 조리해서 먹어야 한다.

식탁에서

식탁에 앉아서 먹는 순간이 즐거운 시간이 되기 위해선 아기를 하나의 객체로 여기고. 또 아기의 취향은 어떤지를 알아야 한다. 아기는 재료들을 만지고, 좋아하지 않는 재료들은 뱉어내기도 하고, 아기용 의자에서 빵을 떨어뜨리면서 중력의 법칙을 체험하기도 한다. 이러한 것들을 통해 인내심을 키우기도 하며, 웃음을 얻기도 한다.

도구들

젖병은 젖병 꼭지의 크기에 따라 퓨레 종류를 먹일 때 사용한다.
턱받이나 작은 앞치마,
아기가 떨어지지 않게 하기 위한 높은 아기전용 의자,
손잡이와 뚜껑이 달린 물잔,
깨지지 않는 재질의 덮개가 있는 퓨레용 볼.
잠재적인 위험 요소들은 아기와의 소통을 우선하기 위해 치운다.

4개월부터 5개월

Mon premier jus de légumes

내 생애 첫 채소 주스

마실 것	당근 1개 • 먹는 샘물 조금 • 신선한 레몬즙 몇 방울

4개월부터

1회 분량
10분 준비

필요한 도구
원심 분리형 착즙기(휴롬 같은 주스 기계)

1. 껍질 벗기기 전용 칼로 당근의 껍질을 벗긴다. 분리형 착즙기에 들어갈 적당한 크기로 썰어 원심 분리형 착즙기에 넣어 만든다.

2. 실온의 물에 당근즙을 넣어 희석한다(주차별로 주스의 양을 늘려준다). 취향에 따라 레몬즙 몇 방울을 더 첨가할 수 있다.

3. 아기가 편하게 먹는 방식에 따라 숟가락으로 떠먹이거나 젖병에 넣어 먹인다.

⋯▸ 알아두기
집에서 만드는 채소 주스는 실명의 재배자가 직접 밭에서 키운 유기농 채소를 사용한다. 먹기 바로 전에 만든 주스는 모든 맛과 비타민을 고스란히 주스에 포함하고 있다.

⋯▸ 활용하기
계절에 따라 토마토, 오이 또는 펜넬을 이용하여 만들어보자.

⋯▸ 개월 수에 따라
사과와 비트 또는 사과와 셀러리 줄기를 섞어서 만드는 방법을 추천한다. 여기에 살균제 역할로 레몬 몇 방울을 더하면 주스의 맛을 개선할 수 있다.

Mon premier jus de fruits

내 생애 첫 과일 주스

마실 것	사과, 배, 살구, 복숭아, 귤, 오렌지, 포도 또는 자몽 • 먹는 샘물 조금 • 사탕수수 설탕 1꼬집

4개월부터

1회 분량
10분 준비

필요한 도구
원심 분리형 착즙기 • 과일 압착기

1. 계절 과일 1개로 만든다. ⓔ 오렌지, 귤 또는 사과

2. 감귤류는 반으로 썰어 과일 압착기로 꾹 눌러 짜거나 포크로 알갱이를 긁는다. 사과, 배는 껍질을 벗겨 씨를 제거하고 원심 분리형 착즙기에 넣어 만든다.

3. 물에 만든 주스를 희석한다(주차별로 주스의 양을 늘려준다). 조금 신맛이 강하면, 설탕 1꼬집을 넣는다.

4. 숟가락이나 젖병에 담아 먹인다.

⋯▸ 알아두기

시장에 가서 일주일 동안 쓸 과일을 고를 때, 과일의 표면과 만졌을 때의 질감을 통해 과일이 싱싱한지 판단할 수 있다. 지역별로, 계절별로, 또는 식재료에 영향을 미치는 원인들에 대하여 과일을 파는 상인에게 질문하는 것을 망설이지 말자.

Biberon d'eau, variantes

젖병에 들어가는 다양한 물

마실 것

3개월부터

1회 분량
5분 준비
15분 휴지

1. 팔각 ½개 • 먹는 샘물 100 mL • 사탕수수 설탕 조금

젖병 바닥에 팔각 ½개를 넣고, 따뜻하게 데운 물을 넣는다. 차를 우려내듯이 우려서 미지근하거나 차갑게 둔다. 팔각을 제거하고, 설탕을 조금 넣어서 젖병에 담는다.

---

2. 사탕수수 설탕 조금 • 오렌지 플라워 워터(d'eau de fleur d'oranger)* 1 t • 미지근한 먹는 샘물 100 mL

*eau de fleur d'oranger : 오렌지 꽃을 우려서 만든 제과용 첨가제

오렌지 플라워 워터에 설탕을 넣어 녹이고, 여기에 물을 넣는다. 잘 흔들어 설탕을 녹여 젖병에 담는다.

---

3. 먹는 샘물 100 mL • 참나무 꽃 또는 잎 조금 • 사탕수수 설탕 조금

물을 끓여 참나무 잎에 붓는다. 몇 분 정도 담가서 우려내고 잎은 걸러낸다. 젖병에 이 물을 담고 설탕을 넣어 잘 흔든다. 물의 온도는 아기가 마시기 적당하게 맞춘다.

··→ 알아두기

젖병에 넣어 마시는 액체의 온도는 여름에는 실온의 상태고, 겨울에는 미지근하거나 따뜻해야 한다. 많은 식물들은 진정제 효능을 가지고 있고, 아기들이 어릴수록 효능을 발휘한다. 딱총나무의 꽃이나 참나무 꽃, 버번(verveine, 마편초 잎)이나 팔각은 천연적인 음료로 좋은 재료들이다.

··→ 재료 tip

사탕수수 설탕은 물에 캐러멜 향을 더해준다. 달콤한 꿀인 아카시아나 참나무 꿀 등은 조금 더 늦게, 6~7개월 정도에 넣을 수 있다.

Bouillon de légumes, variantes

다양한 채소 육수

수프

5개월부터

1회 분량
15분 준비
30분 조리

* 부이용 : 고기나 채소를 끓여 만든 육수로, 소스나 수프에 사용

봄—여름
대파 ½개 • 작은 당근 1개 • 무 ¼개 • 먹는 샘물 250 mL • 월계수 잎 1장, 이태리 파슬리 1줄기

가을—겨울
껍질 벗긴 단호박 150 g • 당근 1개 • 먹는 샘물 250 mL • 타임 1줄기, 세이지 잎 1장

필요한 도구
거름망 또는 고운 체

1. 채소는 껍질을 벗기고 깨끗이 씻어 작은 크기로 썰어둔다. 물을 끓이고 채소와 허브를 같이 넣는다. 뚜껑을 덮고 20분 정도 팔팔 끓지 않게 익혀 고운 체에 거른다.

2. 이 육수를 젖병에 담고, 아기에게 적합한 온도로 먹인다.

⋯▸ 개월 수에 따라
계절에 따라 또는 아기의 식성에 따라 완두콩, 펜넬, 토마토 또는 로메인 등으로 다양하게 준비한다.

⋯▸ 활용하기
재료들을 4배로 계량해서 만들어 젖병에 들어갈 분량인 150 mL 또는 200 mL로 나눠서 냉동보관 하여 사용한다. 이 육수들은 곡물이 들어간 분유를 만드는 기본 재료로 사용할 수 있다.

Potage* courgette, fenouil et carotte

호박, 펜넬, 당근이 들어간 수프

수프
5개월부터

1회 분량
10분 준비
25분 익힘

* potage : 농도가 짙은, 걸쭉하고 불투명한 수프

당근 1개(씻을 때 레몬 필요) • 호박 ½개 • 펜넬 ½개(겉껍질을 제외한 속 부분) • 처빌 2줄기에서 떼어낸 잎들 • 버터 조금

필요한 도구
믹서

1. 당근은 껍질을 벗긴다. 모든 채소는 레몬을 넣은 물에 깨끗이 씻고, 두툼하게 썰어둔다.

2. 냄비에 물을 조금 붓고, 썰어둔 채소를 넣어 끓인다. 20분 정도 끓인 후 포크로 찔러 부드럽게 익었는지 확인한다.

3. 버터 1조각이랑 익힌 채소를 믹서에 넣고 곱게 간다. 젖병의 꼭지는 넉넉한 크기로 준비한다. 손등에 한 방울 짜서 아기에게 적당한 온도인지 확인한다(액체일 경우 체온과 비슷한 온도여야 한다).

4. 이 수프는 물을 넣어 연하게 할 수도 있고, 분유를 추가할 수도 있다.

⋯ **개월 수에 따라**
아기들의 먹는 양이 늘수록 이 수프에 글루텐이 없는 햇 밀가루(설탕을 넣지 않은)를 넣어 줄 수 있다. 다른 전분 성분, 예를 들면 귀리가루나 쌀, 감자 전분 등은 특히 밤에 오랫동안 자게 하기 위해 **4개월부터** 넣어 줄 수 있다.

Biberon de lait d'avoine

귀리 우유 젖병

아침 식사, 곡물식

4개월부터

1회 분량
5분 준비
5분 익힘

먹는 샘물 20 mL • 귀리가루 2 T • 2세용 분유 5스푼(분유 제조회사별로 용량 확인) • 사탕수수 설탕 1꼬집(선택 사항)

1. 물과 귀리가루를 작은 냄비에 넣고 끓인다. 천천히 5분 정도 졸인다. 귀리가루가 충분히 풀어지면 된다.

2. 2세용 분유 5스푼을 1에 넣고 거품기로 잘 섞고, 천천히 부풀어 오르게 몇 분 기다린다. 원한다면, 사탕수수 설탕 1꼬집을 넣을 수 있다. 젖병에 담아 아기에게 먹인다.

3. 완벽한 농도가 되었다면, 즉 너무 되지도 않고 너무 묽지도 않은 상태로 되었다면 젖병 꼭지 부분에 맺히게 된다. 필요한 용량을 확인하고, 손등에 몇 방울 떨어뜨려 아기가 먹기에 적당한 온도인지 확인한다(액체일 경우 체온과 비슷한 온도여야 한다).

···▸ *재료 tip*

귀리가루(귀리를 아주 곱게 갈아놓은 제품)는 유기농 제품 취급하는 곳에서 구입 가능하다.

Bouillie à la semoule de blé

밀가루로 만든 죽

아침 식사

5개월부터

1회 분량
5분 준비
2분 익힘
5분 휴지

먹는 샘물 150 mL • 밀가루 또는 옥수수 전분 2 T • 2세용 분유 5스푼(분유 제조회사별로 용량 확인) • 사탕수수 설탕 1꼬집 또는 메이플 시럽 ¼ t

1. 작은 냄비에 물을 넣고 끓인다. 밀가루를 뿌리고, 덩어리가 안 생기게 거품기나 나무 주걱으로 잘 젓는다. 불을 끄고, 2세용 분유를 넣고 잘 섞는다.

2. 작은 아기용 그릇에 1을 넣고 설탕이나 시럽을 넣어 잘 섞는다. 부피가 부풀어 오르게 몇 분 정도 기다린다.

3. 아기에게 주기 전에 죽의 온도를 확인한다.

···▶ **재료 tip**

옥수수 전분은 옥수수를 곱게 갈아 놓은 제품인데, 유기농 재료를 취급하는 곳에서 구할 수 있다.

···▶ **영양**

우유의 유당과 옥수수의 탄수화물은 단맛을 갖고 있다. 메이플 시럽 같은 설탕을 추가로 넣는 것은 아기의 맛에 대한 습관이나 설탕 중독의 면에서 자제해야 한다.

Compote de pommes maison

집에서 만드는 사과 콤포트

아침 식사
간식, 디저트

4개월부터

6회 분량
15분 준비
15분 익힘

* compote : 과일을 설탕에 졸인 걸쭉한 상태

Golden 품종 사과(청사과) 1 kg • 사탕수수 설탕 1 t • 물 200 mL

필요한 도구
찜기 • 믹서

1. 사과는 껍질을 벗기고, 씨를 제거한 후 작은 조각으로 썰어둔다.
2. 찜기에 썰어둔 사과를 올리고, 15분 정도 익힌다.
3. 사과가 충분히 녹을 정도로 부드러워지면 다 익은 상태다. 물을 넣고 믹서로 간다. 맛을 보고, 과일의 신맛이 남아 있다면 설탕을 조금만 넣는다.

⋯맛
다양한 맛을 위해서, 계절에 따라 사과를 고른다.

⋯개월 수에 따라
처음에는 젖병에 사과 콤포트만 몇 숟가락 분량 채워서 먹이고, 차츰 유제품과 콤포트를 섞는다.
예) 쁘띠 스위스(petit-suisse, 치즈의 한 종류)와 프로마주 블랑(fromage blanc)

⋯보관하기
밀폐용기에 남은 콤포트를 넣고 꼭 닫아 필요에 따라 냉장 또는 냉동 보관한다. 냉장보관할 때는 최대 2~3일 정도만 보관이 가능하다.

Goûter de compote au fromage blanc

프로마주 블랑을 넣은 간식용 콤포트

간식, 디저트

5개월부터

1회 분량
5분 준비
5분 휴지

부드와(boudoirs) 비스킷* 2개 • 프로마주 블랑 3~4 T • 사과, 바나나, 살구, 배로 만든 콤포트 중 1 T

★ boudoirs biscuit : 샤를로뜨라는 프랑스 전통 케이크에 쓰이는 슈거파우더가 뿌려진 부드러운 비스킷. 달지 않은 비스킷으로 대체 가능

1. 믹싱볼에 비스킷을 잘게 부숴 넣고 위에 물을 붓는다. 비스킷이 녹을 때까지 몇 분 정도 기다린다.

2. 1에 프로마주 블랑과 과일 콤포트를 넣는다. 부드러워질 때까지 잘 섞어 숟가락으로 먹인다.

···▶ **맛**

개인마다 식재료의 맛에 대한 편차가 있을 수 있다. 그 중에 유제품의 질감, 산미의 정도가 이에 해당한다. 그래서 프로마주 블랑 대신 조금 새콤한 쁘띠 스위스(petit suisse) 치즈나, 조금 단 요거트로 대체할 수 있다. 이는 항상 아기들의 반응을 통해 알 수 있다. 이런 반응을 통해 부모들은 아기의 취향이나 감수성을 이해할 수 있게 된다.

···▶ **영양**

사과 콤포트와 비스킷, 프로마주 블랑의 조합에는 영양소의 결합이 조합돼 있다. 다당류와 단당류, 섬유질과 비타민 등의 영양소는 간식으로 이상적이다.

Banane vapeur

찐 바나나

간식, 디저트

4개월부터

1회 분량
2분 준비
10분 익힘

껍질이 매끈한 잘 익은 바나나 1개

필요한 도구
찜기 • 믹서

1. 껍질 채로 10분 동안 찜기로 찐다.

2. 익은 바나나 과육을 으깨거나 믹서로 갈아서 작은 숟가락으로 아기에게 먹인다.

···· 개월 수에 따라
이 간식은 바나나에 요거트 몇 숟가락과 함께 믹서에 갈아서 만들 수도 있다.

···· 영양
바나나는 비타민과 무기질이 풍부한 과일이고, 아기에게 가장 먼저 고려해야 할 소화가 잘되는 재료다.

Banane à l'avocat

아보카도를 곁들인 바나나

간식	바나나 1개 • 아보카도 ¼개 • 레몬즙 또는 라임즙 몇 방울
5개월부터	
1회 분량	**필요한 도구**
5분 준비	믹서

1. 바나나와 아보카도는 껍질을 벗긴다.

2. 모두 믹서에 넣고 간다. 준비 끝!

⋯▸ 영양

부드러운 과육 때문에 아보카도는 채소 버터라 불리며, 아주 소화가 잘되는 완벽한 재료다. 단백질과 필수 불포화지방산이 풍부하고, 비타민 D도 함유하고 있다. 손으로 눌러 껍질 밑의 과육이 부드러운 아보카도를 선택한다.

⋯▸ 맛

아보카도는 메이플 시럽이나 사탕수수 설탕을 넣어 단맛을 더해주면, 짭짤한 토마토 요리와도 잘 어울린다.

Tapioca banane

타피오카 바나나

**아침 식사
간식, 디저트**

5개월부터

1회 분량
5분 준비
10분 익힘

먹는 샘물 180 mL • 타피오카 가루 10 g • 바나나 ½개 • 분유 5스푼(분유 회사별로 다름)

준비도구
믹서

1. 작은 냄비에 물을 끓인다. 여기에 타피오카 가루를 뿌리고 알갱이가 안 생기게 잘 섞는다.

2. 바나나는 껍질을 벗기고 썰어서 넣는다. 10분 정도 천천히 익힌다.

3. 분유를 넣고 걸쭉하게 만들기 위해 믹서로 간다(핸드믹서도 가능). 차거나 미지근한 상태로 아기에게 먹인다.

⋯▶ **개월 수에 따라**

6개월부터는, 이 디저트를 믹서로 갈지 않고 아기에게 먹일 수 있다. 몇 달 내로 요리용 바나나(banane plantain)도 먹일 수 있다. 이 바나나는 소화를 쉽게 하기 위해 꼭 익혀서 먹인다.

6개월부터 8개월

Jus de fruits, variantes

다양한 과일 주스

아침 식사, 간식

6개월부터

1회 분량
10분 준비

봄–여름
하얀 복숭아(백도) 1개 • 산딸기 10개 • 먹는 샘물 100 mL • 레몬즙 몇 방울
또는
살구 1개 • 바나나 ½개 • 먹는 샘물 150 mL • 레몬즙 몇 방울

가을–겨울
오렌지 1개 • 귤 1개 • 먹는 샘물 100 mL • 레몬즙 몇 방울
또는
사과 ½개 • 배 1개 • 먹는 샘물 100 mL • 레몬즙 몇 방울

필요한 도구
과일 압축기 • 원심 분리형 착즙기

1. 감귤류들은 과일 압축기로 짠다.

2. 배, 사과와 같은 과일은 깨끗이 씻고 껍질을 벗겨 원심 분리형 착즙기에 넣어 즙을 짠다. 물과 레몬즙 몇 방울을 넣어 희석한다.

3. 식감이나 아기의 개월 수에 따라 젖병이나 숟가락을 이용한다.

⋯→ **영양**

1살(12개월) 때부터는, 사과나 배의 껍질은 그대로 둬도 된다. 껍질 바로 밑에 있는 비타민을 직접 흡수할 수 있기 때문이다. 반면에 아기에게 먹이기 전에 흐르는 물에 껍질을 잘 문질러 닦는 것을 잊지 말아야 한다.

Compote de pommes à l'ancienne

클래식한 사과 콤포트

아침 식사
간식, 디저트

6개월부터

6회 분량
10분 준비
15분 익힘

사과(reinettes) 1 kg • 먹는 샘물 200 mL • 바닐라빈 ½개 또는 바닐라 설탕 1봉지 • 사탕수수 설탕 1 t

필요한 도구
원형 채소 믹서(강판기)

1. 사과는 흐르는 물에 씻고 껍질을 잘 문질러 닦는다. 적당한 크기로 썬다(껍질과 씨 채로).

2. 냄비에 물, 썰어둔 사과, 반으로 갈라서 속을 긁어낸 바닐라빈을 넣는다. 뚜껑을 덮고 처음엔 센불로 끓인다. 그리고 15분 정도 중불로 천천히 익힌다.

3. 사과 조각들이 부드럽게 익었으면, 원형 채소 믹서에 넣고 곱게 간다. 맛을 보고 신맛이 강하면, 설탕 1 t를 넣는다.

4. 1회 분량을 100 g으로 계량하여 미지근하게 또는 실온의 온도로 먹인다.

⋯→ **보관하기**

밀폐용기에 남은 콤포트를 나눠 담는다. 필요에 따라 냉장 또는 냉동으로 보관한다. 냉장보관 하면 2~3일 정도 보관이 가능하다.

⋯→ **바닐라빈이 없을 때**

바닐라빈 대신 배 또는 바나나와 같은 계절 과일을 넣으면, 콤포트 맛의 균형을 유지할 수 있다.

⋯→ **알아두기**

다 익힌 후 바닐라빈을 물에 씻어 말린다. 말린 바닐라빈을 설탕통에 넣는다. 몇 주 정도 지나면 바닐라빈의 모든 향이 설탕통에 남을 것이다.

Biberon au lait d'amandes
아몬드를 넣은 우유

아침 식사, 간식
....
6개월부터

1회 분량
5분 준비
2분 익힘

먹는 샘물 120 mL • 아몬드 페이스트 또는 퓌레 1 t • 분유 적당량

필요한 도구
고운 체

1. 물을 끓인다. 아몬드 페이스트 또는 퓌레를 넣고 차 우려내듯이 몇 분 정도 둔다.

2. 고운 체를 이용해 거른다.

3. 이렇게 만든 액체를 젖병에 넣고 분유를 넣는다. 잘 흔들어 분유를 녹인다.

··→ **개월 수에 따라**

7개월쯤 되면, 위에 나와 있는 모든 재료를 젖병에 넣고 섞어도 된다. 이 시기쯤 되면 아기는 아몬드 페이스트를 소화할 수 있는 단계이기 때문에 굳이 고운 체로 거르지 않아도 된다.

··→ **영양**

아몬드는 풍부한 단백질과 필수 불포화지방산 등 복합적인 성분이 풍부해서 아기에게 아주 적합하다. 아몬드는 퓌레나 파우더 상태 등 다양한 형태로 사용할 수 있다. 특히 물에 녹는 파우더 상태는 우유와 함께 이용하기 쉽다.

Bouillie aux flocons d'avoine

귀리로 만든 죽

식사, 간식, 곡물

6개월부터

1회 분량
5분 준비
10분 익힘

먹는 샘물 100 mL • 저지방 우유 100 mL • 귀리 2 T • 아카시아 꿀 또는 메이플 시럽 조금

필요한 도구
믹서

1. 작은 냄비에 물과 우유를 넣고 데운다. 여기에 귀리를 넣고 5~10분 정도 중불에서 익힌다. 골고루 익히기 위해 가끔씩 나무주걱으로 젓는다.

2. 죽 농도가 되면, 꿀이나 메이플 시럽을 넣고 믹서에 간다. 그 후 아기용 접시에 담아 적당한 온도가 되면 먹인다.

…》영양
좀 더 충분한 맛을 주려면 여기에 과일 콤포트를 첨가할 수 있다(바나나, 사과, 배, 적색과일 등).

Haricots verts « cuisinés »

녹색 완두콩 요리

식사, 채소

7개월부터

1회 분량
10분 준비
20분 익힘

녹색 완두콩 150 g • 양파 ½개 • 처빌 1줄기 • 버터 1조각

필요한 도구
믹서

1. 완두콩 깍지를 벗겨 완두콩을 꺼낸다. 양파는 껍질을 벗기고 잘게 다진다. 처빌은 물에 씻어 잎을 따서 잘게 썰어둔다.

2. 중불에 버터를 두르고 잘게 다진 양파를 익힌 후에 완두콩과 잘게 썬 처빌을 넣는다.

3. 뚜껑을 덮고 약불에 15분 정도 은근히 끓인다. 완두콩이 부드럽게 다 익었으면, 믹서로 곱게 간다.

···> **개월 수에 따라**

7개월부터는, 닭가슴살이나 소고기 40 g을 채소에 첨가한다. **10개월부터**는, 양고기를 잘게 썰어 완두콩을 넣을 때 같이 넣어 천천히 익혀서 먹일 수 있다.

Légumes à la vapeur

증기로 익힌 채소들

포타주나 퓌레 형태의
균형 잡힌 식사

7개월부터

유리병 **5**개 양
20분 준비
20분 익힘

봄 · 여름 채소
감자 250 g • 작은 호박 3개 • 완두콩 500 g • 당근 3개

가을 · 겨울 채소
감자 500 g • 단호박 과육 500 g • 작은 무 3개(또는 단무지 무* 1개) • 대파 1줄기 • 옥수수 1개

* 보통 사용하는 무보다는 가늘고 긴 단무지 담그는 무가 좋음

필요한 도구
찜기

1. 채소는 껍질을 벗기거나 깨끗이 씻는다. 골고루 익히기 위해서 각각의 채소들을 같은 크기로 썰어둔다.

2. 찜기에 채소를 여러 층으로 깔고 익힌다. 채소를 눌러봐서 부드럽게 눌러지면 꺼내서 천천히 식힌다.

3. 이렇게 익힌 채소는 다음날 포타주나 퓌레에 사용할 수 있다.

···▸ **알아두기**

채소를 한 번 익혔으면, 우유를 조금 붓고 믹서에 곱게 갈기만 하면 바로 먹을 수 있는 퓌레나 포타주 상태가 된다. 몇 달 내로 올리브오일이나 버터를 이용해 채소를 볶고, 여기에 흰살 고기*를 더하면 균형 잡힌 식단이 될 수 있다.

* 흰살 고기 : 닭고기처럼 고기류 중 흰색인 고기를 말함. 가금류 고기를 보통 흰살 고기라고 함

Œuf à la coque

프렌치 스타일 삶은 달걀

식사

6개월부터(노른자)
12개월부터(흰자)

1회 분량
2분 준비
5분 익힘

아주 신선한 달걀 1개

1. 찬물에 달걀 1개를 넣고 끓인다. 물이 끓기 시작하고 1분 후에 꺼내면 프렌치 스타일 삶은 달걀이 된다.

2. 달걀이 들어갈 만한 작은 전용 용기(coquetier, 꼬꿰띠에)에 넣고, 달걀노른자만 먹게 한다.

···▸ **영양**

12개월 정도 되면, 특별히 달걀에 거부 반응을 보이지 않는다면 프렌치 스타일 삶은 달걀 전체를 먹일 수 있다. 그때쯤 되면 아기의 소화기관은 달걀흰자의 단백질을 충분히 소화시킬 시기이기 때문이다.

···▸ **개월 수에 따라**

채소 퓌레와 빵을 곁들이면 달걀과 함께 균형 잡힌 식단이 될 수 있다.

Purée de pommes de terre, variantes

다양한 종류의 감자 퓌레

전분을 포함한 식사

7개월부터

(아스파라거스는 **12개월부터** 먹일 수 있다)

1회 분량
10분 준비
20분 익힘

필요한 도구
찜기 • 믹서

봄 : 아스파라거스 사용
감자 1개 • 흰색 아스파라거스 2개 • 버터 1조각 • 이태리 파슬리 1줄기 • 소금 조금

1. 감자와 아스파라거스는 껍질을 벗긴다. 적당한 크기로 썬 후 찜기에 25분 정도 익힌다.

2. 칼끝으로 감자를 찔러 으깨서 익었는지 확인하고, 아스파라거스는 반으로 썰어 확인한다.

3. 믹서에 버터와 위의 두 가지 채소를 넣고, 이태리 파슬리와 소금을 넣는다. 필요하면, 1에서 익히고 남은 물을 조금 넣는다. 믹서로 광택이 나는 퓌레가 될 때까지 간다.

여름 : 토마토 사용
감자 1개 • 토마토 2개 • 바질 1장 • 올리브오일 1t

1. 감자와 토마토는 껍질을 벗긴다. 적당한 크기로 썰고, 감자는 찜기에 넣어 익힌다. 15분 정도 익힌 후 토마토를 넣어 10분 정도 더 익힌다.

2. 믹서에 씻어놓은 바질 1장과 채소, 올리브오일을 넣는다. 필요하면, 1에서 익히고 남은 물을 조금 넣는다. 믹서로 광택이 나는 퓌레가 될 때까지 간다.

가을 : 엔다이브 사용
엔다이브(크기에 따라) 1~2개 • 감자 1개 • 버터 1조각 • 설탕 조금

1. 맨 처음 엔다이브의 첫 잎을 떼어내고, 길게 2등분한다. 쓴맛이 나는 밑부분은 작은 칼로 도려낸다. 감자는 껍질을 벗기고 적당한 크기로 썬다. 찜기에 감자와 엔다이브를 넣고 25분 정도 찐다.

2. 믹서에 버터와 찐 채소, 설탕을 조금 넣고 곱게 간다. 광택이 나는 퓌레가 될 때까지 간다. 필요하면, 찔 때 사용한 물을 몇 순가락 넣고 접시에 담아 먹인다.

⋯→ **개월 수에 따라**
퓌레에 닭가슴살이나 지방이 적은 생선을 넣어 퓌레를 보충해줄 수 있다.

겨울 : 근대 사용
감자 1개 • 근대(크기에 따라) 2~4장 • 이태리 파슬리 1줄기 • 버터 1조각

1. 감자는 껍질을 벗기고 적당한 크기로 썰어둔다. 근대는 잘 씻고, 줄기 부분은 잘게 썬다. 녹색 부분은 따로 보관한다.

2. 찜기에 썰어둔 감자와 근대의 흰 부분(줄기)을 넣고 찐다. 15분 정도 익히고, 근대의 녹색 부분과 이태리 파슬리 잎을 넣어 10분 정도 더 익힌다.

3. 버터를 넣고 믹서로 광택이 날 때까지 곱게 간다. 필요하면, 찔 때 사용한 물을 몇 숟가락 넣는다. 접시에 담아서 먹인다.

Potage pomme de terre-artichaut

아티초크, 감자 수프

수프

7개월부터

1회 분량
10분 준비
25분 익힘

감자 수프를 위한 감자 1개 • 냉동 아티초크 심 1개 • 먹는 샘물 200 mL • 먹는 샘물 200 mL에 맞춘 분유 적당량

필요한 도구
믹서

1. 감자는 껍질을 벗기고 얇게 썰어둔다. 아티초크 심은 얇게 썰어둔다.

2. 작은 냄비에 물을 끓이고, 썰어둔 채소를 넣는다.

3. 채소가 부드럽게 익었으면, 분유와 함께 믹서에 넣고 간다.

4. 아기에게 먹이기 적당한 온도를 확인하고, 젖병에 수프를 채우고 알맞은 크기의 젖꼭지를 끼운다.

⋯ 개월 수에 따라

삶으면서 물기를 한 번 제거하여 되직한 수프를 만들 수 있다. 이렇게 만들면 숟가락으로 아기에게 줄 수 있다. 향을 내기 위해 버터 1조각, 이태리 파슬리를 넣어도 된다.

Potage orge-artichaut

아티초크, 보리 수프

수프

7개월부터

1회 분량
10분 준비
20분 익힘
15분 휴지

먹는 샘물 250 mL • 정맥 보리 1 T • 냉동 아티초크 심 2개 • 물 250 mL에 적당한 분유

필요한 도구
믹서

1. 물을 끓이고, 냉동 아티초크 심과 정맥보리를 넣는다. 뚜껑을 덮고 약한 불에 20분 정도 끓이고, 불을 끈 다음 뚜껑을 덮은 채로 보리가 부풀어 오르게 휴지시킨다.

2. 보리의 심이 부드럽게 익었으면 거의 완성 단계이다.

3. 분유와 보리, 아티초크 혼합물을 믹서로 곱게 간다. 젖병에 넣고 잘 흔든다. 아기에게 알맞은 온도인지 확인한다.

···▸ **영양**

곡물류와 채소류는 개월 수에 맞지 않게 성급하게 먹이지만 않는다면, 아기들의 영양을 위해 꼭 필요한 요소들이다. 어릴 때부터(3세) 보리, 밀, 렌즈콩, 콩류 등을 식사에 넣어준다. 왜냐하면 이 재료들은 에너지원이 되기도 하고 아미노산이 풍부하기 때문이다.

Velouté aux fanes de radis*

래디시 잎 수프

수프

6개월부터

1회 분량
15분 준비
15분 익힘

* velouté : 달걀, 크림 등을 넣어 걸쭉하게 만든 것

래디시 ½단의 잎 • 감자 중간 크기 1개 • 엑스트라 버진 올리브오일 1t • 먹는 샘물 200 mL • 버터 1조각

필요한 기구
믹서

1. 래디시 잎에 붙어있는 모래와 불순물을 흐르는 물에 깨끗이 씻는다. 감자는 껍질을 벗기고 작은 크기로 썰어둔다.

2. 올리브오일을 두른 팬을 중불에서 달구고, 잘게 썬 래디시 잎을 넣고 나무주걱으로 부드럽게 익힌다.

3. 몇 분 뒤에, 물과 작게 썰어둔 감자를 넣는다. 뚜껑을 덮고 15분 정도 졸인다.

4. 3에 버터를 넣고 전부 믹서에 곱게 간다. 젖병에 담고 넉넉한 크기의 꼭지로 갈아 끼운다. 먹이기 전에 아기가 먹기 알맞은 온도인지 확인한다.

···› **개월 수에 따라**

수프에 분유를 조금 더 넣어 걸쭉하게 만들 수도 있다. 만 6개월 이후로는 분유를 우유로 대체할 수도 있다.

···› **영양**

액체로만 구성된 육수를 제외하고, 육수의 종류에 따라 수프는 여러 가지 섞인 채소의 섬유질을 포함한다. 이 육수는 아기의 소화기관에 새로운 재료가 될 수 있다. 이 섬유질이 거부반응이 없는지 신경 써야 한다.

Mousse de jambon au fromage blanc

프로마주 블랑을 넣은 하몽 무스

고기

6개월부터

1회 분량
10분 준비

하몽 ⅓조각 • 거품기로 올려준 프로마주 블랑 100 g • 이태리 파슬리 2줄기

필요한 도구
믹서

1. 하몽의 비계부분을 제거하고, 가늘고 길게 썬다.

2. 믹서에 이태리 파슬리 잎, 거품기로 올려준 프로마주 블랑과 하몽을 넣고 간다.

3. 이렇게 만든 무스는 숟가락으로 먹인다.

⋯ 개월 수에 따라
녹색 채소 퓌레를 넣어 보충할 수 있다.
예 브로콜리 또는 그린빈

⋯ 활용하기
달콤하고 짭짤한 무스로 바꾸려면, 프로마주 블랑 대신 바나나를 넣으면 된다.

Blanc de poulet au pamplemousse rose

핑크 자몽을 넣은 닭가슴살

닭고기

6개월부터

1회 분량
15분 준비
5분 익힘

닭가슴살(닭 종류에 따라 선택할 수 있음) 20 g • 핑크 자몽 ½개 • 쁘띠-스위스* 2개 • 처빌 2장

* petit-suisse : 설탕을 주로 뿌려먹는 생크림 치즈로, 백화점 등의 치즈 코너에서 구매 가능

필요한 도구
믹서 • 찜기

1. 닭고기는 껍질을 벗기고, 가슴살 부위를 5분 정도 찐다.

2. 핑크 자몽은 껍질을 벗기고, 과육의 흰색 부분을 없앤다. 이 부분이 아기에게는 꽤 쓴 맛을 내기 때문이다. 씨도 제거하고 포크로 과육만 모아둔다.

3. 다 익은 닭가슴살과 쁘띠-스위스와 처빌 잎을 믹서로 갈고, 여기에 핑크 자몽 과육을 넣어서 미지근한 퓌레로 만들어 아기에게 먹인다.

⋯ 맛

핑크 자몽은 사촌격인 노랑 또는 적색 자몽과 비교하면 덜 쓰거나 쓰지 않은 편이다. 다른 자몽 보다 더 달고 덜 시다.

⋯ 영양

아기에게 먹일 자몽의 과육은 두꺼운 껍질 밑 부분의 과육이다. 이 말은 산화 작용이 전혀 안 일어난다는 말이다. 모든 비타민, 특히 비타민 C는 완벽하게 저장되어 있다. 오렌지와는 달리 자몽은 소화계통에서 산성화 되지 않는다.

⋯ 감귤류 손질하기

감귤류의 껍질을 벗기는 방법은, 양쪽의 끝부분을 자르고 과일의 형태에 맞춰 자르는 것이다. 만약 규칙적으로 일정하게 잘랐다면, 껍질의 흔적이 남지 않을 것이다. 과육은 작은 칼을 이용하여 결을 따라 칼집을 넣고, 다시 밑에서 천천히 결을 따라 칼을 들어 올리면 된다. v자를 오른쪽부터 칼집을 넣어 밑에서 왼쪽으로 천천히 올려준다고 생각하면 된다. 그 후 씨를 제거한다.

Suprême de poulet aux champignons roses

버섯을 넣은 닭가슴살

식사, 닭고기

6개월부터

1회 분량
15분 준비
20분 익힘

감자 1개 • 양송이버섯 5개 • 닭가슴살 20~40g(아기의 개월 수에 따라) • 쁘띠-스위스 1개 • 처빌 2줄기의 잎

필요한 도구
찜기 • 믹서

1. 감자는 껍질을 벗기고 얇게 썰어 찜기에서 익힌다.

2. 10분이 지나면, 깨끗이 씻어서 얇게 썬 버섯과 닭가슴살을 1에 넣고 10분 더 익힌다.

3. 믹서의 볼에 익은 채소, 익은 버섯, 익은 닭가슴살, 쁘띠-스위스, 처빌 잎을 넣고 곱게 간다. 아기 그릇에 담아 숟가락으로 먹인다.

⋯▸ 개월 수에 따라
치아가 나기 시작하면, 이유식 속에 닭고기나 버섯을 작은 정육면체로 썰어서 넣어도 된다.

⋯▸ 맛
따로 쁘띠-스위스와 익힌 감자를 섞을 수 있다. 이러한 조합(닭가슴살-버섯과 감자와 쁘띠-스위스)은 같은 식재료를 이용하여 뚜렷하게 차이가 나는 맛을 발견하는 새로운 방법이 될 수 있다.

⋯▸ 알아두기
수에*란 지방 성분을 사용하지 않고 버섯의 수분을 나오게 하는 방법이다. 이렇게 버섯을 익힌 후 바로 버터를 넣으면 닭가슴살을 노릇노릇하게 구울 수 있다.

* suer : 조리용어로, 약한 불로 채소의 수분을 천천히 나오게 하는 방법

⋯▸ 재료 tip
양송이버섯보다 조금 어두운 색의 버섯을 이용한다. 버섯 밑 부분을 잘 살펴 단단한 결이 있는 버섯을 고르고, 버섯이 수분을 흡수하지 않게 흐르는 물에서 빨리 헹구거나 버섯의 껍질을 얇게 벗긴다.

Colin à la pomme de terre et au yaourt

요거트와 감자와 흰살 생선

생선, 곡물류

7개월부터

1회 분량
10분 준비
25분 익힘

감자 1개 • 흰살 생선 20 g(대구류 또는 송어류) • 딜 1줄기 • 요거트 3T • 버터 1조각

필요한 도구
찜기 • 믹서

1. 감자는 껍질을 벗기고 작은 정육면체로 썬다. 흰살 생선은 생선뼈와 껍질을 꼼꼼하게 제거한다.

2. 찜기에 감자를 넣고 20분 정도 찐 다음, 생선살과 딜을 넣는다. 5분 정도 더 찐다.

3. 믹서에 감자와 요거트를 넣어 갈고, 생선살은 포크로 으깨서 넣고, 마지막으로 버터 1조각을 넣는다.

⋯› **개월 수에 따라**

9개월부터는, 감자는 포크로만 으깨서 먹일 수 있다. 9~12개월은 아기의 기호와 치아에 따라서 감자를 익은 통째로도 먹일 수 있다.

⋯› **재료 tip**

흰살 생선은 대구류 등의 품종 중에서 계절과 어획량, 가격에 따라 다양하게 고를 수 있다.

Goûter fruité au petit-suisse

쁘띠-스위스를 곁들인 과일 간식

간식, 디저트
....
5개월부터

1회 분량
5분 준비
5분 휴지

쁘띠-버터 비스킷* 3개 • 먹는 샘물 2 T • 사과 ½개 • 쁘띠-스위스(*petit-suisse*) 1개
★ biscuits petits-beurre : 시판 중인 빠다 코코넛 같은 비스킷

1. 아기용 작은 볼에 비스킷을 조각내어 넣는다. 물을 조금 넣어 부드럽게 녹인다.

2. 비스킷이 충분히 눅눅해졌으면, 곱게 간 사과와 쁘띠-스위스를 넣는다. 잘 섞어서 숟가락으로 먹인다.

⋯ 맛
식감과 신맛은 유제품마다 다양하다. 아기에게 맞는 것을 찾기 위해 다양한 프로마주 블랑과 요거트를 사용해본다.

Mousse pomme banane

사과, 바나나 무스

간식, 디저트

6개월부터

1회 분량
10분 준비

사과 ¼개 • 잘 익은 바나나 ½개 • 핑크 패션푸르츠 주스 1 T • 사탕수수 설탕 ½ t

필요한 도구
믹서

1. 사과와 바나나는 껍질을 벗긴다.
2. 믹서에 핑크 패션푸르츠 주스와 설탕, 사과, 바나나를 넣고 간다. 만약 단맛이 더 필요하면, 설탕을 추가한다.

⋯▶ 활용하기
예를 들면 바나나-배-오렌지 주스 또는 바나나-살구-귤 주스 등으로 다양하게 섞을 수 있다. 과일들이 잘 섞였을 때, 맛을 보고 신맛을 완화시키기 위해 필요하면 설탕을 더 넣는다.

Papillote poire-vanille
유산지를 이용해 찐 바닐라-배

간식, 디저트

6개월부터

1회 분량
5분 준비
10분 익힘

✱ papillote : 주로 유산지를 이용하여 식재료를 잘 접어 찜기나 구이용으로 사용하는 방법이다. 요즘 실리콘 소재를 이용해 다양한 형태로 판매하기 때문에 유산지 대신 이 제품을 사용하면 훨씬 간편하고 효과적으로 조리가 가능하다.

서양배 1개 또는 2개(품종에 따라) • 바닐라빈 3 cm • 레몬즙 조금

필요한 도구
찜기 • 유산지

1. 유산지를 적당한 크기로 자르고 잘 접는다. 서양배는 껍질을 벗기고 유산지 위에서 바로 얇게 썬다.

2. 바닐라빈은 반으로 갈라서 안을 긁어낸다. 레몬즙과 긁어낸 바닐라빈, 얇게 썬 서양배를 잘 섞는다.

3. 유산지를 공기가 통하지 않게 꼼꼼하게 잘 접고 찜기에 넣어 10분 정도 익힌다.

4. 아기전용 볼에 찐 서양배 혼합물을 넣고 포크로 잘 으깬다.

┈┈▶ **알아두기**

만약 유산지를 구입해야 한다면, 실리콘 타입을 구입하는 게 실용적이다. 이 제품은 식품 자체의 맛과 영양분을 그대로 보존해준다. 생선, 고기, 채소, 과일 등. 이 제품에 타라곤, 바질, 로즈마리, 세이지, 큐민 또는 강황 가루 등 여러 향을 우러나게 하는 재료를 쓴다면 충분히 만족스런 맛을 얻을 수 있다.

Soupe de melon cru

익히지 않은 멜론 수프

간식, 디저트

8개월부터

1회 분량
10분 준비
1시간 휴지

멜론 과육 200g • 사탕수수 설탕 또는 메이플 시럽 ½ t • 아몬드 파우더 1 t

필요한 도구
믹서

1. 멜론 과육을 작은 정육면체로 썬다.
2. 1에 시럽과 아몬드 파우더를 넣고, 1시간 정도 냉장고에서 휴지시킨다.
3. 믹서로 곱게 간다.

···▶ **활용하기**

계절과 시장 여건에 따라, 살구와 자두도 추천할 만하다. 이용하는 과일의 과육과 식감에 따라 수분 함량이 달라질 수 있어서 수프 같이 되거나 콤포트 같은 농도가 될 수도 있다.

···▶ **맛**

멜론 수프에 오렌지 플라워 워터*나 아몬드 시럽을 넣어도 된다.

★ eau de fleur d'oranger : 오렌지 향을 넣은 제과용 제품

Fruits à noyau en compote

씨 있는 과일 콤포트

간식, 디저트

7개월부터

1회 분량
15분 준비
15분 익힘

서양 자두(프룬) 3개 또는 미라벨 10개 정도(과육 200 g 정도) • 사탕수수 설탕 ½ t • 먹는 샘물 3~4 T

1. 과일은 씻어서 작은 크기로 썬다.

2. 작은 냄비에 설탕과 물, 썰어둔 과일을 넣고 뚜껑을 닫은 채 중불에서 15분 정도 익힌다.

3. 과일이 다 익어 콤포트 형태가 될 때까지 익힌다. 과일즙을 졸이기 위해 좀 더 오래 익힐 수 있다. 또는 고운 체에 걸러 이 과일즙을 아기에게 따로 먹일 수도 있다.

···▶ **활용하기**

이 콤포트에 걸쭉한 요거트나 스페큘러스나 쁘띠-버터(상품명) 같은 비스킷을 첨가할 수 있다.
겨울에는 말린 서양 자두 2개를 썰어 첨가할 수 있다.
★ spéculoos : 벨기에 전통 과자

···▶ **재료 tip**

맛있는 서양 자두를 얻으려면 7월까지 기다려야 한다. 크베치★나 미라벨★은 햇볕이 필요하기 때문이다. 하얗고 투명한 막이 덮여 있어서 열기로부터 자연적으로 보호한다. 그래서 항상 먹기 전에 깨끗이 씻는 걸 잊지 않는다.
★ quetsche : 서양 자두 품종 중 하나
★ mirabelle : 서양 자두 품종 중 하나

···▶ **영양**

서양 자두는 섬유질이 풍부하여 아기가 변을 보는 것을 쉽게 한다.

Banane au caramel

바나나 캐러멜

간식, 디저트

7개월부터

1회 분량
5분 준비
5분 익힘

잘 익은 바나나 1개 • 슈거파우더 1꼬집 • 버터 1조각

1. 바나나를 따뜻한 물에 껍질 채로 잘 씻는다. 길이 방향으로 2등분하고, 과육 부분에 슈거파우더를 골고루 뿌린다.

2. 팬에 버터를 녹이고, 바나나의 과육 부분을 5분 정도 굽는다.

3. 껍질이 있는 상태에서 작은 숟가락으로 바나나 과육을 떠먹인다.

⋯▶ **영양**

비타민B와 탄수화물이 풍부하고 철분과 마그네슘 또한 풍부하다. 바나나는 소화도 잘되어 아기가 먹는 식재료를 다양하게 하고 싶을 때 맨 처음 추천되는 과일 중 하나다.

Petit pudding de semoule de blé

세몰리나를 이용한 작은 푸딩

간식

6개월부터

1회 분량
5분 준비
15분 익힘
10분 휴지

청사과 1개 • 먹는 샘물 4T • 사탕수수 설탕 1꼬집 • 세몰리나 1T

1. 사과는 껍질을 벗기고 작은 크기로 썬다. 냄비에 먹는 샘물과 사탕수수 설탕을 넣고 사과를 넣어 익힌다.

2. 15분 후에, 냄비에 거품기나 나무주걱으로 저으면서 세몰리나를 넣고 잘 섞는다.

3. 10분 정도 세몰리나가 부풀어 오르게 기다리고, 아기용 볼에 옮겨 식힌다. 사과는 포크로 으깨서 주거나 믹서로 전부 곱게 갈아서 줄 수도 있다.

재료 tip
계절별, 지역별로 나오는 사과의 당도가 다르므로 품종에 따라 단맛을 첨가한다.

활용하기
세몰리나 대신 익힌 옥수수가루를 사용할 수 있다.

Mes premiers biscuits boudoirs

처음 만나는 비스킷

간식, 디저트

8개월부터

15개 비스킷
15분 준비
10분 익힘

유기농 레몬 1개 • 버터 25 g • 슈거파우더 25 g • 달걀 1개 • 밀가루 50 g • 이스트 1 g • 엑스트라 버진 올리브오일 20 mL

1. 오븐을 150℃로 예열한다.

2. 레몬은 씻고 물기를 제거한다. 제스터를 이용하여 아주 고운 레몬껍질은 ½ t 정도, 레몬즙은 1 t 정도 모아둔다.

3. 버터를 녹인 후 실온에 두고 식힌다.

4. 큰 믹싱볼에 레몬껍질과 슈거파우더를 섞는다. 달걀 1개를 넣고 나무숟가락으로 잘 섞는다. 밀가루와 이스트를 넣고 잘 섞는다.

5. 레몬즙을 넣고 다시 잘 섞은 다음, 마지막으로 녹인 버터와 올리브오일을 넣어 완성한다.

6. 유산지나 실리콘 재질의 오븐용 제품에 버터를 발라 오븐팬 위에 올려놓고, 숟가락으로 반죽을 장방형(사진 참조)의 적당한 크기로 유산지 위에 여러 개 펼쳐준다. 오븐에서 10~12분 정도 익힌다.

⋯▸ **알아두기**

슈거파우더와 밀가루를 넣을 때 작은 체를 사용하는 걸 잊지 말자. 반죽에 작은 덩어리가 생기는 걸 방지할 수 있다.

⋯▸ **개월 수에 따라**

밀가루 분량의 ½을 헤이즐넛 가루로 대체할 수 있다.

9개월부터 12개월

*Lait aux vermicelles**

우유 파스타

수프

9개월부터

1회 분량
5분 준비
4분 익힘
5분 휴지

* vermicelles : 파스타 면의 한 종류로 아주 얇은 면. 스파게티면 보다 조금 더 얇음

우유 250 mL • 소금 1꼬집 • 마늘 1개, 얇게 썰 • 넛맥 1꼬집 • 버미첼리(가는 면) 30 g • 버터 1조각

1. 작은 냄비에 우유를 붓는다. 소금과 마늘을 더하고 넛맥을 갈아서 넣는다. 끓어오르지 않을 정도까지 끓인다.

2. 버미첼리를 넣고 계속 젓는다. 4분 정도 끓이면서 우유가 넘치지 않게 주의한다.

3. 버터 1조각을 넣고, 잘 저어서 아기용 볼에 옮겨 담는다. 아기가 먹기 좋은 온도가 될 때까지 잘 저어서 식히고 숟가락으로 먹인다.

⋯▶ **활용하기**

넛맥과 소금을 같은 양의 계피가루와 설탕으로 대체할 수 있다. 그러면 이 파스타 수프는 디저트로 바뀐다.

Tomate, avocat et crevettes

토마토, 아보카도와 새우

식사, 채소
10개월부터

1회 분량
10분 준비

요거트 1T • 생크림 1t • 레몬즙 1t • 익힌 새우 3마리 • 토마토 1개 • 아보카도 ½개 • 고수 잎 몇 장

필요한 도구
믹서

1. 모든 재료가 들어갈 크기의 넉넉한 볼에 레몬즙, 생크림, 요거트를 넣고 잘 섞는다.

2. 새우는 껍질을 벗기고 작은 크기로 썬다. 끓은 물에 토마토를 넣었다가 꺼낸 후 껍질과 씨를 제거하고 과육만 작은 크기로 썬다. 아보카도는 껍질을 벗기고 역시 같은 크기로 썬다.

3. 모든 재료와 소스를 믹서로 잘 갈아서 섞고, 고수 잎 몇 장을 잘게 썰어 넣는다. 숟가락으로 먹인다.

⋯▶ 개월 수에 따라
아기에게 작은 치아가 나기 시작하면 모든 재료를 믹서로 갈지 않고 섞기만 해서 줄 수 있다.

Jardinière de printemps

익힌 봄철 채소

식사, 채소

9개월부터

1회 분량
15분 준비
25분 익힘

냉동 또는 신선한 완두콩 150 g(껍질은 제거) • 작은 당근 1개 • 작은 무 1개 • 작은 양파 1개 • 버터 1조각 • 올리브오일 1 t • 월계수 잎 1장 • 먹는 샘물 100 mL

1. 완두콩은 껍질을 벗긴다. 작은 당근과 무는 껍질을 벗기고 둥글게 썬 다음 4등분한다 (깍둑썰기와 같은 방식이다). 양파는 껍질을 벗기고 잘게 다진다.

2. 팬에 버터와 올리브오일을 두르고 양파를 천천히 5분 정도 익힌다. 썰어둔 당근과 무, 완두콩, 월계수 잎, 물을 넣는다. 뚜껑을 덮고 20분 정도 천천히 졸여 채소들이 부드럽게 될 때까지 익힌다.

3. 월계수 잎을 제거하고, 믹서로 익힌 계절 채소를 곱게 갈거나 채소들이 있는 그대로 보이길 원하면 포크로 으깬다.

···→ **활용하기**

위에 나온 채소들 대신 아기의 입맛에 따라 아스파라거스, 토마토, 호박을 넣을 수 있다.

···→ **개월 수에 따라**

찜기로 익혀 뜨거울 때 채소들을 작은 크기로 썰고, 차갑게 식혀 생크림 1 t와 레몬즙을 넣어 잘 섞어도 된다.

Flétan, laitue et brocoli

넙치를 만난 상추와 브로콜리

식사, 채소

9개월부터

1회 분량
15분 준비
15분 익힘

브로콜리 200 g • 상추 또는 로메인 4장 • 이태리 파슬리 1줄기 • 넙치(광어) 또는 흰살 생선의 살 20 g • 버터 1조각

필요한 도구
찜기 • 믹서

1. 브로콜리의 잎과 뿌리 부분을 손질하고 윗부분 녹색 송이부분만 이용한다. 상추 잎과 파슬리 잎을 씻는다.

2. 찜기에 브로콜리 녹색 송이부분을 넣는다. 12분 정도 익힌 후 생선살을 넣고, 상추 잎과 이태리 파슬리 잎을 넣는다. 3분 더 익힌다.

3. 믹서의 볼에 버터 1조각을 넣고 익은 모든 재료를 곱게 가는데, 너무 걸쭉하면 익히면서 나온 채소 육수를 첨가한다.

··· **맛**
넙치 대신 가자미류 등의 흰살 생선으로 대체할 수 있다.

··· **영양**
좀 더 칼로리가 높고 풍부한 영양을 주는 음식으로 만들려면, 프로마주 블랑을 넣어 걸쭉하게 하거나 복합 탄수화물이 풍부하게 하려면, 브로콜리에 감자를 추가로 넣어서 만든다.

Papillote* de bar, tomate et tagliatelles*

농어, 토마토와 파스타 면이 만난 빠삐요뜨

식사

9개월부터

1회 분량
15분 준비
20분 익힘

* tagliatelle(탈리아텔레) : 스파게티 면보다 면적이 더 넓은 면 종류
* papillote : 유산지에 원하는 재료를 넣고 꼼꼼히 접어 열기나 증기로 익히는 방법(13쪽 참조)

잘 익은 토마토 1개 • 타라곤 1줄기 • 차이브 2줄기 • 이태리 파슬리 5장 • 농어 살 40g • 올리브오일 1t • 탈리아텔레 40g • 버터 1조각

필요한 도구
믹서 • 유산지

··· 개월 수에 따라

아기가 충분히 씹을 수 있는 개월 수가 되면 탈리아텔레는 작게 자르고, 익힌 생선은 포크로 으깨서 먹인다.

··· 토마토 껍질 쉽게 벗기기

토마토의 껍질을 쉽게 벗기려면 칼로 껍질부분에 칼집을 내고 끓는 물에 몇 십초 넣으면 된다 (원문에는 2~3분이라고 적혀 있는데, 그러면 껍질부분 밑 부분의 과육이 물러져서 먹기 불편하기 때문에 조금 수정했음).

1. 오븐을 210℃로 예열한다.

2. 토마토는 껍질과 씨를 제거하고 과육을 정육면체로 썬다. 허브는 꼼꼼하게 씻고 잘게 썬다.

3. 넉넉한 크기의 유산지를 준비하여 농어 살, 썰어둔 토마토, 잘게 썬 허브를 유산지 가운데에 놓고 올리브오일을 두른다. 꼼꼼하게 잘 접어 재료들이 보이지 않게 하고, 오븐에 10분 정도 익힌다(빠삐요뜨).

4. 익는 동안 탈리아텔레 봉지에 적힌 시간대로 면을 익히고 물을 제거한다. 믹싱볼에 버터 1조각과 함께 넣어 잘 섞는다.

5. 오븐에서 빠삐요뜨를 꺼내 안에 담긴 육즙과 채소를 접시로 옮기고, 믹싱볼에 담긴 탈리아텔레도 접시에 옮긴다. 아기가 먹기 좋게 식으면 잘 섞어 먹인다.

Velouté* de rouget, poireau et pomme de terre

파와 감자가 들어간 성대 수프

수프

9개월부터

1회 분량
15분 준비
20분 익힘

* velouté : 걸쭉한 수프

감자 1개 • 대파 ½줄기 • 작은 당근 1개 • 사프란 조금 • 우유 150 mL • 성대 살 40 g • 생크림 1 t

1. 감자는 껍질을 벗기고 작은 정육면체로 썬다. 대파는 길게 반으로 썰어서 깨끗이 씻어 모래나 불순물을 제거한다. 대파 흰 부분을 얇게 썬다. 당근은 껍질을 벗기고 작은 정육면체로 썬다.

2. 작은 냄비에 채소와 사프란, 우유를 넣고 15분 정도 은근하게 끓인다. 생선살을 넣고 5분 정도 더 끓인다.

3. 불에서 냄비를 내려 생크림을 넣고, 다시 불 위에 몇 초 정도 올린다. 필요하면 믹서로 곱게 갈아서 아기가 먹기 좋은 온도까지 식힌다.

⋯▸ **활용하기**

성대는 연어로 대체할 수 있다. 좀 더 맛있고 단맛을 주려면, 토마토퓌레 1 t를 넣는다.

Mousse de foie au pain

간으로 만든 무스와 빵

식사, 고기, 곡물류

9개월부터

1회 분량
10분 준비
10분 익힘

식빵 100g • 먹는 샘물 ½ C • 우유 ½ C • 작은 양파 1개 • 버터 1조각 • 닭 또는 송아지 간 40g • 고수 또는 처빌 잎 몇 장

필요한 도구
믹서

1. 물과 우유를 섞은 다음 식빵을 담근다.

2. 식빵이 물과 우유를 천천히 흡수할 동안 버터를 두른 작은 팬에 다진 양파를 중불에 5분 정도 볶는다. 작게 썰어둔 간을 넣고 5분 정도 더 볶는다.

3. 팬을 불에서 내리고, 물과 우유에 적셨던 식빵에 물기를 제거한* 후 팬에 식빵을 넣는다. 나무숟가락으로 빵이 팬에 있는 양파, 간을 볶으면서 생긴 국물을 흡수할 수 있게 잘 젓는다.
   * 체에 적신 빵을 가산히 두면 과한 물과 우유 혼합물은 아래로 흘러내린다.

4. 3에 잘게 썬 허브를 넣고 믹서로 곱게 간다. 필요하다면, 물이나 프로마주 블랑을 조금 넣어 퓌레를 묽게 만들 수 있다.

···▸ **영양**

간은 철분과 비타민이 풍부하다. 반면에 간은 쉽게 변질되므로 최대한 빨리 조리하여 먹는다. 간의 구매와 저장하는 모든 단계에서 냉장보관이 확실히 되었는지 확인해야 한다.

Sot-l'y-laisse, blettes, semoule

쿠스쿠스와 근대를 곁들인 닭고기

식사, 고기, 채소
9개월부터

1회 분량
15분 준비
25분 익힘
10분 휴지

근대 흰 부분 1~2줄기(약 150 g) • 닭고기 엉덩이살* 부분 30~50 g • 올리브오일 1t • 버터 1조각 • 마늘 1쪽 • 4가지 향신료 가루* 또는 하즈–알–아눗* 1꼬집 • 먹는 샘물 200 mL • 쿠스쿠스* 30 g

* 닭의 엉덩이 부분에 해당하는 살. 다리 부분이 갈라지는 부분의 바로 윗부분 살
* 4가지 향신료 가루 : '맛' 내용 참조
* raz-el-hanout : 모로코의 전통 향신료, 카레와 비슷한 향을 가짐
* couscous : 으깬 밀로 만든 북아프리카 음식

필요한 도구
찜기

⋯▶ **활용하기**
이 음식은 다양하고 쉽게 변형할 수 있다. 닭 엉덩이살은 익혔을 때 모양을 그대로 유지하는 아귀 같은 종류로 바꿀 수 있고, 쿠스쿠스는 다른 곡물로 대체 가능하다. 근대는 당근과 단호박의 혼합물이나, 호박으로 대체할 수 있다.

⋯▶ **맛**
유명한 4가지 향신료의 재료는 흑후추, 넛맥, 정향, 계피로 구성되어 있다.

⋯▶ **영양**
이 음식은 단백질(고기), 복합당(곡물), 섬유질(채소)이 모두 포함되어 있다.

1. 근대는 씻어서 찜기에 들어갈 크기로 4등분한다. 15분 정도 익힌다.

2. 중불에 버터와 올리브오일, 마늘을 넣고 작은 정육면체로 썰어둔 닭 엉덩이살을 천천히 익힌다.

3. 찜기에서 근대를 꺼내 좀 더 작은 정육면체로 썰어둔다. 닭 엉덩이살을 익히는 팬에 향신료를 넣고 물을 부어 데글라세* 한다.
   * déglacer : 팬 바닥에 눌러 붙은 갈색 덩어리들을 물이나 알코올을 넣어 깨끗이 떼어내는 방법. 이렇게 생긴 액체를 천천히 졸이면 소스로도 사용 가능

4. 다른 냄비에 물을 붓고 끓기 시작하면, 쿠스쿠스를 넣고 뚜껑을 덮어 불을 끈다. 10분 동안 쿠스쿠스가 수분을 흡수해 부풀어 오르길 기다린다.

5. 이렇게 준비한 재료를 섞어서 움푹 파인 아기용 접시에 담는다.

Purée citronnée veau-courgette

송아지 고기와 호박, 레몬이 들어간 퓌레

식사

9개월부터

1회 분량
15분 준비
20분 익힘
10분 적심

빵가루 50 g(젖은 빵가루 또는 마른 빵가루) • 레몬즙 1 T • 먹는 샘물 2 T • 호박 1개 • 송아지 고기 30 g • 이태리 파슬리 잎 5장 • 아몬드 파우더 2 T

필요한 도구
믹서

1. 레몬즙과 물, 빵가루를 섞는다. 10분 정도 지난 후 촉촉해질 때까지 기다린다. 필요한 경우 물을 좀 더 넣는다.

2. 호박은 깨끗이 씻어 원형으로 썬다. 송아지 고기는 잘게 다진다. 찜기에 호박을 넣어 15분 정도 찐 다음 다진 송아지 고기, 이태리 파슬리 잎을 넣고 5분 더 익힌다.

3. 믹서의 볼에 익은 재료들과 아몬드 파우더, 젖은 빵가루를 넣고 곱게 갈아 작은 알갱이가 있는 퓌레로 만든다.

⋯▶ **알아두기**

재료를 살 때 원형 그대로의 좋은 품질의 재료를 구매한다. 예를 들어 빵을 구입할 경우 원형을 변형시켜 훼손시키지 말자. 그리고 젖은 빵가루는 가루의 크기나 수분 함량에 따라 다른 곡물 성분으로 대체할 수 있다.

Dinde aux marrons

밤을 곁들인 칠면조

식사, 고기, 곡물류

10개월부터

1회 분량
10분 준비
25분 익힘

껍질을 벗긴 감자 2개(약 150 g) • 껍질을 벗겨 익힌 밤 50 g • 칠면조 가슴살 30 g(닭가슴살로 대체 가능) • 올리브오일 1t • 버터 1조각 • 작은 양파 1개 • 먹는 샘물 1T • 프로마주 블랑 2T

필요한 도구
찜기 • 믹서

1. 감자는 껍질을 벗기고 작은 정육면체로 썬다. 찜기에서 15~20분 정도 부드러워질 때까지 익힌다.

2. 익힌 밤은 손가락으로 잘게 부순다.

3. 중불로 달군 팬에 올리브오일과 버터를 넣고, 잘게 다진 양파와 칠면조 가슴살을 넣어 7분 정도 굽는다.

4. 고기가 다 익었으면 팬에서 꺼내고, 감자도 다 익었으면 찜기에서 꺼낸다.

5. 깨끗한 팬에 잘게 부순 밤과 물 1T을 넣어 데운다.

6. 모든 재료를 모아서 믹서로 갈고 아기용 접시에 옮겨 담는다. 숟가락으로 먹인다.

⋯ 개월 수에 따라

아기의 치아가 발달하고 씹는 능력이 증가하면, 위의 재료들을 믹서에 갈지 않고 포크로 으깨서 줄 수 있다.

⋯ 활용하기

이 레시피는 푸아그라를 생산한 오리의 부드러운 부분의 가슴살로도 만들 수 있다. 크리스마스 선물처럼 익은 밤에 붉은색 베리 종류를 더할 수도 있다. 예를 들면, 찜기에 익혀서 잘게 썬 서양배나 라즈베리 등을 첨가할 수 있다. 또는 감자와 밤을 잘 섞어 퓌레 상태로 만들어 먹일 수 있다.

Parmentier à la viande de bœuf et au potiron

단호박과 감자를 곁들인 소고기 그라탱

식사, 고기류

9개월부터

1회 분량
15분 준비
23분 익힘

단호박 100 g(씨를 제거한 과육) • 작은 감자 1개 • 우유 200 mL • 넛맥 1꼬집 • 계피 1꼬집 • 다진 소고기 20 g • 버터 1조각 • 곱게 간 에멘탈 치즈 20 g

필요한 도구
믹서

1. 단호박은 껍질을 벗기고 씨를 제거한다. 과육을 작은 정육면체로 썬다. 감자 역시 껍질을 벗기고 작은 정육면체로 썬다.

2. 냄비에 우유와 채소, 넛맥, 계피를 넣고 중불에 20분 정도 익힌다.

3. 작은 팬에 버터를 두르고 다진 소고기를 볶는다.

4. 오븐을 210℃로 예열한다. 우유에서 다 익은 채소를 믹서로 거칠게 섞는다.

5. 작은 그라탱 용기에 버터를 바른다. 바닥에 다진 소고기를 넣고, 그 위에 감자-호박 퓌레를 얹는다. 마지막으로 에멘탈 치즈를 뿌린다.

6. 오븐에 넣고 3분 정도, 치즈가 충분히 녹아 그라탱이 될 때까지 기다린다.

7. 아기 접시에 옮겨 담는다. 왜냐하면 그라탱 용기가 너무 뜨거워서 아기 손에 화상을 입을 수 있기 때문이다.

… 재료 tip

고기는 믿을 만한 정육점에서 산다. 또한 다진 고기는 어느 지역에서 온 신선한 고기인지 확인하고 직접 부위를 고른다. 18개월까지는 고기를 충분히 익혀 세균 증식을 없앤다(아무리 냉장고에서 24시간 보관했다거나 작은 용량으로 냉동되었다 하더라도).

Soupe de fraises

딸기 수프

간식, 디저트

9개월부터

1회 분량
5분 준비

유기농 딸기 150 g • 바닐라빈 길이 3 cm • 사탕수수 설탕 1꼬집 • 레몬즙 조금

필요한 도구
믹서

1. 체에 딸기를 놓고 흐르는 물에 재빠르게 씻는다. 작은 크기로 썰어둔다.
2. 바닐라빈을 반으로 갈라서 씨를 긁어낸다.
3. 믹서의 볼에 바닐라빈 씨, 딸기, 레몬즙, 설탕을 넣고 곱게 간다.
4. 작은 볼에 담아 먹인다.

⋯▶ 맛
이 수프는 끓일 수도 있다(뚜껑을 덮고 10분 정도). 아기용 유제품 가게에서 판매하는 쿨리스*처럼 사용할 수 있다.
*coulis : 묽은 과일 소스

⋯▶ 보관하기
익혀서 만든 딸기 수프는 밀폐용기에 담아 냉장고에서 48시간 정도 보관이 가능하다.

Goûter yaourt compote de fruits secs

요거트와 말린 과일이 들어간 간식

간식, 디저트

9개월부터

1회 분량
10분 준비
20분 익힘
1시간 담금

씨를 제거하고 말린 서양 대추* 2개 • 말린 살구 2개 • 말린 바나나 ½개 • 먹는 샘물 100 mL • 레몬즙(입맛에 따라 첨가 가능) • 요거트 1개

* 국내산 대추 또는 무화과로 대체 가능

1. 믹싱볼에 따뜻한 물을 넣고 말린 과일을 1시간 정도 담가둔다.

2. 담가뒀던 말린 과일을 꺼내 작은 정육면체로 썬다. 작은 냄비에 말린 과일과 물을 넣고 20분 정도 익힌다.

3. 말린 과일이 충분히 부드러워질 때까지 익힌다.

4. 요거트에 익힌 과일을 넣고, 레몬즙을 몇 방울 뿌려 아기에게 먹인다.

···▸ **영양**

말린 과일은 신선한 상태의 과일과 비교했을 때 과당 함량은 같다.

···▸ **활용하기**

저녁에 사용할 말린 과일은 아침에 물에 담가 냉장고에 넣어둔다. 더 오래 담가서 불려놓을수록 익는 시간이 10분 정도로 줄어든다.

Tartine fromage-raisins

치즈, 포도 딱띤

간식

12개월부터

1회 분량
5분 준비

* tartine : 일반적으로 식빵 같이 표면이 넓은 빵의 면에 다양한 재료를 발라서 먹는 것

청포도 10알 • 녹색 곰팡이가 많이 섞인 치즈 20 g : 로퀴포(roquefort)나 앙베르산 치즈 (fourme d'ambert) • 생 모레 치즈(saint-moret) 또는 끼리(kiri) 치즈 50 g • 캄파뉴 슬라이스 1장 또는 사과 조각 1개

필요한 도구
믹서

1. 포도는 껍질을 벗기고 씨를 제거한다.

2. 믹서에 두 가지 치즈를 넣고 몇 초 동안 간다.

3. 얇게 썬 사과에 발라먹거나 캄파뉴에서 바삭한 껍질 부분을 떼어낸 부분에 발라서 포도와 함께 먹인다.

⋯▶ 영양
사회통념과는 반대로, 아이들은 맛있는 치즈를 좋아한다. 많이 먹이지 않는 이유는 소금의 함량과 민감한 토양에서 발생할 수 있는 알레르기 때문이다.

Goûter fromage blanc, framboises, menthe

산뜻한 프로마주 블랑과 산딸기

간식, 디저트

9개월부터

1회 분량
5분 준비

산딸기 15개 • 민트 잎 2장 • 프로마주 블랑 150g(걸쭉한 농도) • 황설탕 또는 메이플 시럽 1t

필요한 도구

믹서

1. 체에 산딸기를 올려놓고 흐르는 물에 재빠르게 씻는다.

2. 민트 잎을 씻은 다음 깨끗한 천 두 장 사이에 넣고 지그시 눌러 물기를 제거한다. 민트를 곱게 다진다.

3. 믹서의 볼에 모든 재료를 넣고 1분 정도 곱게 간다.

⋯ 활용하기

개월 수에 따라, 이 레시피는 사과, 배, 자두, 딸기나 살구 등으로 만들 수 있다. 사용하는 과일의 산도를 줄이기 위해 설탕을 조금 넣어도 된다.

Muffins au riz
밥으로 만든 머핀

간식, 디저트
9개월부터

1회 분량
20분 준비
20분 익힘

밀가루 50 g • 슈거파우더 1 T • 달걀 1개 • 버터 20 g • 우유 100 mL • 밥 1 C 분량

1. 믹싱볼에 설탕과 밀가루를 섞는다. 가운데 부분을 오목하게 만들어 달걀을 넣는다.

2. 녹인 버터 절반을 넣고 덩어리가 안 생기게 골고루 섞는다. 우유를 넣으면서 거품기를 안쪽에서 바깥 방향으로 사용하여 걸쭉한 반죽을 만든다. 밥을 넣고 잘 섞는다.

3. 오븐을 220℃로 예열한다.

4. 미리 머핀 틀에 버터를 골고루 바르고 밀가루를 뿌린 다음, 준비된 반죽을 넣고 오븐에서 20분 정도 익힌다.

5. 오븐에서 꺼내고 머핀 틀에서 빼내어 미지근하게 식혀 실온에 두고, 간식이나 아침 식사용으로 먹인다.

⋯→ **보관하기**
이 머핀은 밀폐용기에 여러 날 동안 보관할 수 있다. 다음날 머핀 윗부분에 사탕수수 설탕을 조금 뿌려 오븐에 몇 분 넣어 캐러멜화하여 먹을 수 있다.

Crème à l'abricot

살구 크림

간식, 디저트

12개월부터

2회 분량
10분 준비
45분 익힘

살구 3개 • 우유 200 mL • 꿀 1 t • 달걀 1개

필요한 도구
믹서

1. 살구는 깨끗이 씻고, 씨를 제거한다.

2. 살구 과육을 우유, 꿀, 달걀과 함께 믹서에 곱게 간다.

3. 오븐을 150℃로 예열한다.

4. 2를 라마킨*에 넣고 중탕하여 오븐에 45분 정도 익힌다.
   * ramequin : 자기로 된 작은 용기, 수플레 구울 때나 크렘 브륄레 만들 때 자주 사용

⋯▶ **활용하기**
겨울에는 살구 크림을 망고로 대체하여 만들 수 있다.

Mini-cakes noisette chocolat

초콜릿, 헤이즐넛 미니케이크

아침 식사,
간식, 디저트

12개월부터

10개 분량
15분 준비
20분 익힘

버터 150 g • 밀가루 중력분(T-55) 70 g • 헤이즐넛 파우더 80 g • 이스트 5 g • 코코아 파우더 1 t • 달걀 3개 • 사탕수수 설탕 130 g

1. 오븐을 180℃로 예열한다.

2. 버터를 실온에 두고 녹인다. 믹싱볼에 밀가루와 이스트를 섞고 코코아 파우더를 붓는다.

3. 두 번째 믹싱볼을 준비하여 달걀, 버터, 설탕을 넣고 거품기를 이용하여 무스가 나올 정도로 하얗게 거품을 낸다. 처음 준비한 믹싱볼에 이 혼합물을 붓고 반죽에 광택이 날 때까지 섞는다.

4. 미니케이크 틀에 ⅔ 정도 채우고 20분 동안 굽는다.

···▶ **보관하기**
밀폐용기에 최소 1주일 보관 가능하다.

···▶ **영양**
이 간식은 우유나 과일 주스 한 잔을 곁들여 먹는다.

···▶ **활용하기**
조금 다르게 코코아 파우더를 바닐라 빈으로 대체할 수 있다. 과일을 넣으려면 미니케이크 틀의 반 정도 분량을 채워 만든다. 예를 들면 잘게 썬 사과, 배, 서양 자두 등으로 채울 수 있다.

12개월부터 24개월

Lait de poule à la fleur d'oranger

오렌지향이 나는 우유

간식, 디저트
***
12개월부터

1회 분량
5분 준비

신선한 달걀 1개 • 사탕수수 설탕 1 t • 오렌지 플라워 워터* 1 t • 저온 살균된 우유 200 mL
* eau de fleur d'oranger : 제과에서 사용하는 오렌지향 술

1. 달걀을 깨서 흰자와 노른자를 분리한다. 노른자만 보관하고 흰자는 사용하지 않는다. 흰자의 알끈을 제거하고 노른자를 작은 볼에 옮겨 담는다.

2. 여기에 설탕을 넣고 거품기로 거품을 올려준다.

3. 2에 오렌지 플라워 워터를 넣은 다음, 따뜻하게 데운 우유나 찬 우유를 섞는다. 아기에 따라 작은 볼이나 젖병에 넣어 먹인다.

···▶ **영양**
이 레시피는 할머니한테 전수받은 것이다. 이 레시피 재료들은 특히 강장 효과가 있으며, 단백질이 풍부하다.

Bouillie et milkshake, variantes

다양한 죽과 밀크셰이크

아침 식사, 간식
12개월부터

1회 분량
10분 준비

프로마주 블랑 100 g • 우유 50 mL • 꿀 또는 사탕수수 설탕 ½ t

봄, 여름
《살구, 아몬드, 곡물》
잘 익은 살구 2개 • 껍질 벗긴 아몬드 5개 • 오트밀 1 T

《붉은 과일》
산딸기 3 T • 딸기 3 T • 블루베리 3 T

가을, 겨울
《바나나, 서양 자두》
바나나 ½개 • 씨를 제거한 서양 자두 2개

《배, 호두》
잘 익은 배 1개 • 호두 6개

필요한 도구
믹서

1. 믹서에 모든 재료를 넣어 갈고 농도를 확인한다. 되게 하려면 프로마주 블랑 1 T 또는 2 T를 넣고, 묽게 하려면 우유 1 T 또는 2 T를 더 넣는다. 신맛을 보정하려면 꿀이나 설탕을 넣으면 된다.

2. 과일 죽의 농도와 익은 정도에 따라 아기에게 먹일 때 숟가락이나 굵은 빨대를 이용한다.

⋯▶ 아몬드 껍질 벗기기
아몬드 껍질을 벗기는 방법은 아주 쉽다. 물을 끓여 아몬드 위에 뿌린다. 뚜껑을 덮고 식을 때까지 기다렸다가 껍질을 벗기면 된다. 아몬드는 좀 더 부드러워져서 믹서에 넣고 갈기 편해진다.

Œuf en brioche

달걀을 넣은 브리오슈

앙트레*, 식사,
달걀, 밀가루, 곡물

12개월부터

1회 분량
5분 준비
15분 익힘

둥글고 작은 브리오슈 1개 • 생크림 1T • 토마토 쿨리스* 2T • 신선한 달걀 1개 • 차이브 2줄기

* entrée : 식당이나 만찬에서 주요리 앞에 나오는 요리
* coulis : 묽은 과일 소스

1. 오븐을 180℃로 예열한다.

2. 둥근 브리오슈의 윗부분을 자르고 속의 부드러운 부분을 칼로 조심해서 파낸다.

3. 생크림과 토마토 쿨리스를 섞고, 숟가락으로 이 혼합물을 브리오슈의 안쪽에 골고루 적신다. 달걀을 깨서 브리오슈 안에 조심해서 채우고 남은 생크림-토마토 쿨리스 혼합물을 달걀 위에 채운다.

4. 자른 브리오슈 윗부분을 옆에 같이 넣어 오븐에서 15분 정도 익혀 색을 낸다. 흰자가 움직이지 않으면 다 익은 상태로 보면 된다.*
   * 내용물이 안 익으면 가볍게 흔들었을 때 흰자와 토마토 혼합물이 섞이는 현상이 일어난다.

5. 오븐에서 브리오슈가 익을 동안 차이브는 깨끗이 씻어 작게 썬다.

6. 아기용 접시에 뚜껑을 덮은 채로 놓고, 이 서프라이즈* 뚜껑을 열어 곱게 썬 차이브를 뿌려 완성한다.
   * surprise : 빵의 속 부분을 파내고 그 안에 내용물을 채운 음식에 서프라이즈란 명칭을 붙임

···▶ **맛**

12개월부터, 아기들은 자기 소유의 접시를 가지고 싶어 한다. 아기에게 이 서프라이즈 음식은 시각적으로 놀랄만하게 보일 것이다. 내용물을 숟가락으로 떠먹고, 브리오슈는 잘라서 손으로 먹을 수 있다.

···▶ **영양**

달걀의 단백질, 토마토의 독특한 맛과 브리오슈의 전분 성분들이 이 작은 음식을 완벽하게 해준다.

Carottes râpées au jus d'orange

곱게 간 당근과 오렌지주스

식사, 채소

10개월부터

1회 분량
5분 준비
10분 익힘
30분 휴지

작은 당근 4개 • 레몬즙 2T • 오렌지 1개의 과즙 • 마늘 잎 또는 꽃 1개(시중에서 구하기 힘든 재료이므로 생략하는 게 나을 듯해요)

필요한 도구
찜기

1. 당근은 껍질을 벗기고 중간 굵기의 채칼로 잘게 썬다. 찜기에 넣고 10분 정도 익힌다.

2. 뚜껑이 있는 작은 플라스틱 용기에 레몬즙, 오렌지 과즙, 채 썰어 익힌 당근을 넣는다.

3. 밀폐용기를 꽉 닫고 힘 있게 흔들어 섞는다.

4. 용기 안의 액체에 천천히 마리네이드* 되게(맛이 천천히 스며들게) 30분 정도 냉장고에 둔다.
   * marinade : 고기나 생선을 조리하기 전에 맛을 들이거나 부드럽게 하기 위해 재워둠

···▶ 맛

당근이 부드러워지고 맛이 우러나게 하기 위해서는 만들어 먹이기 몇 시간 전에 미리 썰어둔다. 예를 들면 오후에 먹일 거면 아침에, 다음날 먹이려면 전날 준비해 놓는다. 당연히 썰어서 사용하기 전까지 냉장고에 보관한다.

Épinards sautés au sésame

참깨를 넣고 볶은 시금치

식사, 채소

12개월부터

1회 분량
10분 준비
10분 익힘

신선한 시금치 200 g • 참기름 또는 채종유 ½ t • 레몬즙 ½ t • 참깨 1 t • 먹는 샘물 1 T

1. 시금치는 깨끗이 씻고 대와 심줄이 많은 부분을 제거한다.

2. 중불로 팬에 기름을 두르고 시금치를 넣어 반투명 상태가 될 때까지 몇 분 볶는다.

3. 레몬즙과 참깨를 넣고, 물 1 T를 넣고 5분 정도 더 익힌다.

⋯▶ **활용하기**

이 시금치는 으깬 감자와 잘 어울리고, 또는 잘게 썬 닭고기와 시금치를 볶고 난 팬에 익힌 연어와도 잘 어울린다.

Salade mexicaine

멕시칸 샐러드

식사, 곡물, 채소

15개월부터

1회 분량
10분 준비

집에서 만든 마요네즈* 1 t • 요거트 ½개 • 파프리카 파우더 ½ t • 빨간 피망 ¼개 • 토마토 ½개 • 익힌 감자 1개 • 껍질 벗긴 오이 3 cm 길이 • 물기를 뺀 옥수수 100 g

★ 집에서 마요네즈 만드는 방법 : 146쪽 '2' 참조

1. 믹싱볼에 마요네즈, 요거트, 파프리카 파우더를 섞는다.

2. 피망과 토마토는 씻어 작은 정육면체로 썰고, 익힌 감자와 오이도 작은 정육면체로 썬다. 옥수수 알갱이의 물기를 제거한다.

3. 1의 소스에 2의 채소를 넣고 잘 섞어 아기에게 먹인다.

···▸ **활용하기**

익힌 닭가슴살이나 작게 썬 하몽*을 넣어서 만들 수 있다.

★ 하몽 : 염장한 돼지 허벅지 부위

···▸ **맛**

아기에게 억지로 먹일 필요는 없다. 재료 중에 아기가 먹어 찡그리는 재료가 있다면, 바로 다른 재료로 바꿔야 한다. 몇 주 내에 흔히 생길 수 있는 일이라 문제될 사항이 아니다.

Crème de potiron au lait de coco

코코넛 우유를 넣은 호박 크림

식사
12개월부터

1회 분량
10분 준비
20분 익힘

단호박 과육 150g • 고구마 100g • 마늘 잎 1장 • 카레 가루 1꼬집 • 코코넛 우유 500g • 식빵 1장 • 식용유 1t

필요한 도구
믹서

1. 단호박과 고구마의 과육은 작은 정육면체로 썰어 작은 냄비에 넣고, 물을 단호박과 고구마 과육 높이까지 채운 다음, 향신료를 함께 넣어 15분 정도 익힌다.

2. 1에 넣은 물의 ½을 따라내고, 코코넛 우유를 채워 5분 정도 더 익힌다.

3. 그 동안 식빵을 가위로 작게 자른다.

4. 팬에 오일을 두르고 작게 자른 식빵을 자주 뒤집어 쿠르통을 만든다.

5. 믹서에 익은 단호박, 고구마, 코코넛 우유를 넣어 곱게 갈고 아기용 작은 볼에 담는다. 장식으로 쿠르통을 예쁘게 얹는다.

⋯ 맛
향신료 사용이 익숙하지 않다면 강황이나 계피를 이용한다. 이 재료들은 단호박과 잘 어울린다.

⋯ 활용하기
단호박 대신 미니 호박이나 버터넛 스쿼시(서양 단호박)로 재료를 대체할 수 있다. 다 익은 단호박을 계피 1꼬집과 버터 1조각을 넣고 천천히 졸여서 만들 수도 있다. 이렇게 만든 단호박은 식빵으로 만든 쿠르통을 대체할 수 있어 아기에게 다양한 식감을 전달할 수 있다.

⋯ 개월 수에 따라
15개월부터는, 작게 썬 새우를 첨가할 수 있다.

Mini-ravioles au brocoli

브로콜리가 들어간 미니 라비올리

**식사,
전분을 함유한 음식**

12개월부터

1회 분량
5분 준비
14분 익힘

브로콜리 녹색 송이부분 150 g • 상품화된 치즈 라비올리* 70 g • 메추리알 1개 • 생크림 1 T • 곱게 간 파르메산 치즈 가루 1 t

* 상품화된 치즈 라비올리 : 라비올리 안을 치즈로 채운 도피누아 지방의 라비올리. 시중에서 판매하는 작은 냉동 물만두로 대체 가능

1. 브로콜리는 깨끗이 씻고 녹색 송이부분만 잘라 작은 냄비에 담고, 물을 채우고 소금을 넣어 10분 정도 익힌다.

2. 10분이 지나면, 라비올리를 넣고 4분 정도 더 익힌다.

3. 그 동안 아기용 볼에 메추리알 노른자와 생크림을 섞는다.

4. 익은 브로콜리는 물기를 제거하고, 라비올리와 함께 **3**의 볼에 붓는다. 파르메산 치즈 가루를 뿌리고, 잘 섞어 아기에게 먹인다.

⋯▸ **개월 수에 따라**

15개월부터는, 중불로 팬에 버터를 넣고 라비올리를 튀겨서 먹일 수 있다.

Poisson et légumes, aïoli* au yaourt

요거트 아이올리 소스를 곁들인 생선과 채소

균형 잡힌 식사

15개월부터

1회 분량
(소스는 6회분)
20분 준비
20분 익힘
1시간 휴지
(소스를 위해)

* aïoli : 마요네즈와 마늘로 만든 걸쭉한 소스

요거트 아이올리 소스 만들기
마늘 1쪽 • 달걀 1개 • 머스타드 1t • 올리브오일 50 mL • 유채씨 기름 또는 식용유 50 mL • 레몬즙 조금 • 플레인 요거트 100 mL

감자 ½개 • 당근 1개 • 펜넬 속 ½개(겉껍질을 제외한 부분) • 냉동 완두콩 20 g • 흰살 생선의 살(대구류, 농어류) 50 g

1. 마늘은 껍질을 벗기고 2등분하여 심을 제거하고 곱게 간다.

2. 달걀은 깨서 흰자와 노른자를 분리한다. 노른자와 곱게 간 마늘을 믹싱볼에 넣고 머스타드를 첨가하여 나무숟가락으로 잘 섞는다. 오일 2종류를 차례차례 조금씩 부으면서 잘 섞어 마요네즈를 만든다.

3. 마요네즈가 단단히 만들어지면, 레몬즙을 뿌려 잘 섞은 다음 요거트를 넣고 다시 섞는다. 맛을 보고 신맛이 필요하면, 레몬즙을 더 넣는다. 냉장고에 1시간 정도 보관한다.

4. 감자와 당근은 껍질을 벗기고 길게 썬다. 펜넬도 같은 방식으로 손질한다.

5. 모든 채소를 유산지에 놓고 찜기에 15분 정도 익힌다. 생선살을 넣고 5분 더 익힌다.

6. 생선살과 채소가 미지근한 채로 만들어둔 요거트 아이올리 소스를 1숟가락 뿌려 아기에게 먹인다.

⋯ 알아두기

마요네즈를 잘 만들려면, 모든 재료는 같은 온도로 유지해야 한다. 달걀을 냉장고에 보관했다거나 오일이 든 병을 서늘하고 그늘진 곳에 보관했다거나 하면 마요네즈는 잘 뭉치지 않고 응고하거나 엉길 수 있다.

Pavé de saumon mariné

마리네이드 연어

식사, 생선

15개월부터

1회 분량
10분 준비
12분 익힘
하룻밤 휴지

껍질 채의 신선한 연어 40 g • 간장 조금 • 사탕수수 설탕 1꼬집 • 단맛의 식초 조금(시드르 식초, 매실식초 또는 현미식초)

굽기 위한 재료
유채씨 기름 또는 식용유 ½ t

1. 저녁에 먹이기 위해 전날이나 아침에, 모든 재료(연어 제외)를 작은 플라스틱 밀폐용기에 넣는다. 잘 닫고 재료가 잘 섞이게 흔든다. 냉장고에 하룻밤 재우고, 다음날 꺼내서 다시 한 번 흔든다. 연어에 1~2번 정도 골고루 바른다.

2. 팬에 기름을 두르고 중불로 달군 다음, 연어는 껍질 면부터 굽기 시작한다. 7분 정도 껍질 쪽으로 굽고, 뒤집어 살 쪽으로 5분 정도 더 굽는데, 포크로 살짝 눌러준다. 연어가 다 익었으면 골고루 굽기 위해 눌러주던 포크를 치운다.

3. 아기용 접시에 연어를 놓고 포크로 으깬다.

···› **맛**
이 생선은 흰 밥이나 참깨를 넣고 볶은 시금치(138쪽)와 잘 어울린다.

Filet mignon, tarte fine de pommes de terre

얇은 감자 타르트와 돼지고기 안심

식사

18개월부터

1회 분량
15분 준비
20분 익힘

푀유 드 브릭* 3장 • 버터 1조각 녹은 것 • 감자 2개 • 샬롯 ½개 • 그릴용 돼지고기 부위 또는 안심 50 g • 버터 1조각 • 식용유 1 t • 서양 자두 3개(무화과로 대체 가능)

*feuille de brick : 아주 얇은 만두피처럼 만들어진 상품명. 주로 식재료를 덮거나 안에 채운 뒤 말아서 튀기거나, 오븐에 익혀서 먹을 때 속 내용물을 보호하여 바삭바삭한 식감을 주는 재료로, 춘권피와 비슷한 용도로 사용

1. 오븐을 180℃로 예열한다.

2. 푀유 드 브릭(춘권피)을 원형 틀을 이용하여 15 cm 지름으로 자른다. 녹은 버터를 골고루 바르고 유산지나 실리콘 매트 위에 올린다.

3. 감자는 껍질을 벗기고, 길이 방향으로 2등분하여 얇게 썬다(슬라이스). 2에서 실리콘 매트 위에 놓은 푀유 드 브릭(춘권피)에 부채꼴 모양으로 원을 그리듯 감자를 가지런히 놓는다. 오븐에 20분 정도 굽는다.

4. 그 동안 샬롯을 곱게 다지고, 버터와 오일을 팬에 두르고 샬롯을 볶은 다음 돼지고기를 약 8분 정도 굽는다. 마지막에 미리 썰어둔 서양 자두를 더하여 잘 섞는다.

5. 감자 타르트가 다 익었으면 오븐에서 꺼내고 가운데 부분에 고기를 얹어 아기에게 먹인다.

⋯▸ **영양**

고기류는 중심까지 충분히 익혀야 증식 가능한 미생물을 미연에 제거할 수 있다.

Foie de volaille, écrasé de patate douce

으깬 고구마와 닭 간

식사
15개월부터

1회 분량
15분 준비
32분 익힘

고구마 150 g • 샬롯 ½개 • 식용유 1 t • 신선한 닭 간 30 g • 타라곤 조금(허브의 한 종류) • 카레 가루 1꼬집 • 프로마주 블랑 또는 요거트 50 g

1. 고구마는 껍질을 벗기고 작은 크기로 썰어 찜기에 20분 정도 익힌다.

2. 그 동안 샬롯을 얇게 썰고, 기름을 두른 팬에 5분 정도 중불에 익힌다.

3. 닭 간과 곱게 다진 타라곤을 2에 넣고 7분 정도 더 익힌다.

4. 믹싱볼에 익힌 고구마를 카레 가루, 프로마주 블랑과 함께 넣어 포크로 으깨서 섞는다.

5. 익은 닭 간을 작은 크기로 썰어 4에서 만든 퓨레와 함께 아기에게 먹인다.

···· 맛

닭 간과 송아지 간은 신선하면 신선할수록 각각의 단단한 정도와 맛이 매우 다르다. 아기가 선호하는 취향에 따라 둘 중에 하나를 고르거나 암송아지의 간을 선택할 수도 있다.

*Riz aux crevettes et banane plantain**

새우를 곁들인 밥과 익힌 바나나

균형 잡힌 식사
15개월부터
1회 분량
20분 준비
25분 익힘

* banane plantain : 익혀서 먹는 바나나 종류

익히지 않은 냉동새우 4마리 • 샬롯 ½개 • 식용유 1t • 섞은 흰쌀과 검정 쌀 30 g • 강황 가루 1꼬집 • 먹는 샘물 100 mL • 바나나 (플랑땡) 1개 • 식용유 1t

1. 접시에 냉동새우를 놓고 해동하고, 샬롯은 껍질을 벗겨 다진다.

2. 식용유를 두른 팬에 샬롯을 약한 불로 5분 정도 볶는다. 쌀과 강황을 넣어 5분 정도 잘 저으면서, 쌀이 반투명해질 때까지 익힌다. 물을 첨가하여 5분 정도 더 익힌다.

3. 그 동안 새우의 껍질과 등쪽 부분에 칼집을 넣어 내장을 손질한다.

4. 바나나를 얇게 썰고, 각각을 2등분한다. 양쪽 면을 과육이 부드럽게 익을 때까지 각각 4분 정도씩 색을 내어 굽는다.

5. 익은 바나나를 접시에 따로 두어 보관한다. 이 팬에 새우를 넣고 센불에 볶는다. 식용유가 모자라면 더 넣는다.

6. 아기용 접시에 익힌 쌀을 놓고 그 위에 새우와 익힌 바나나를 예쁘게 얹는다.

···· 맛

이 레시피는 태평양 제도의 독창적인 레시피인데, 그 곳에서 바나나 플랑땡은 마치 채소나 전분이 풍부한 채소처럼 이용한다. 만약 집 근처에 외국 식재료를 판매하는 곳이 있고 아기가 좋아한다면, 구입해서 경험해 볼 수 있다.

Galette au sarrasin, variantes

다양한 재료로 만드는 메밀 갈레트

식사, 곡물

15개월부터

작은 크기의
갈레트 2장
10분 준비
10분 익힘
1시간 휴지

중력분 2t • 메밀가루 2t • 소금 1꼬집 • 달걀 1개 • 우유 150 mL • 하몽 슬라이스 1장 • 식용유 조금 • 버터 1조각 녹인 것 • 곱게 간 치즈 2T • 곱게 간 넛맥 2꼬집

1. 믹싱볼에 소금, 중력분, 메밀가루를 붓고 섞는다. 달걀을 깨서 밀가루의 가운데 부분에 넣고 우유를 천천히 넣는다. 거품기로 안에서 밖으로 천천히 저으면서 우유를 조금씩 붓는다. 사용하기 전까지 냉장보관 하거나 최대 1시간 정도만 실온에 둔다.

2. 하몽을 작은 크기로 썰어둔다.

3. 15 cm 크기의 팬에 기름을 둘러 센불에 데우고, 갈레트 반죽을 얇게 붓는다. 3~5분 정도 익힌다. 녹인 버터를 윗면에 바르고 반대 면으로 뒤집는다.

4. 썰어둔 하몽 절반 분량, 갈아놓은 치즈, 넛맥을 갈레트 위에 얹고 원 바깥 부위를 접어서 고명으로 올린 재료를 덮어 사각형의 갈레트 형태로 만든다.

5. 두 번째 갈레트도 같은 방식으로 만든다.

⋯▶ **버섯 이용하기**

버섯을 얇게 썰고 갈레트를 굽기 전에 미리 2개 분량의 버섯을 볶아 놓는다. 여기에 잘게 다진 처빌, 생크림 1t, 버섯을 섞어 갈레트 위를 채울 수 있다.

⋯▶ **녹색 채소 이용하기**

브로콜리 퓌레나 시금치와 치즈를 갈레트 위에 얹어서 먹을 수 있다.

*Tiramisu au cassis**

블루베리를 넣은 티라미수

아침 식사,
간식, 디저트

15개월부터

1회 분량
20분 준비
1시간 휴지

* 블루베리 까시스(cassis) : 까막 까치밥 나무열매

마스카포네 크림치즈 60g • 프로마주 블랑 50g • 블루베리 잼 1t • 달걀 1개 • 시나몬 쿠키 또는 스페큘로스* 쿠키 1개

* spéculoos : 벨기에 전통 과자

1. 거품기로 마스카포네 치즈를 풀고, 프로마주 블랑과 블루베리 잼을 부드럽게 섞는다. 달걀을 깨서 흰자와 노른자를 분리하고, 흰자만 따로 거품기로 충분히 올려준다. 노른자를 마스카포네 치즈 혼합물에 넣고, 마지막으로 거품기로 올린 흰자를 넣어 섞는다.

2. 작은 봉투에 시나몬 쿠키를 넣어 잘게 부순다.

3. 아기용 유리잔의 바닥부분에 시나몬 쿠키층을 깔고, 그 위에 크림 절반을 깔고, 다시 시나몬 쿠키층을 깔고 나머지 크림 절반을 깐 다음 블루베리 잼으로 마지막 층을 장식한다.

4. 먹기 전에 1시간 정도 냉장보관 한다.

···• **재료 tip**
마스카포네 치즈는 걸쭉한 농도의 된 크림의 한 종류이고, 이 레시피와는 아주 잘 어울린다.

···• **영양**
이 디저트는 칼로리가 충분하여 매끼 식사 마지막에 먹는 유제품처럼 주지 말고, 1주일에 한 번 정도 먹는 메뉴로 고려해야 한다.

24개월부터
36개월

Pâte à tartiner, variantes

다양한 스프레드

아침, 점심, 저녁 식사, 간식, 디저트

18개월부터

6회 분량
10분 준비

꿀이 들어간 스프레드
버터 2T • 꿀 1T • 레몬즙 조금

1. 레몬즙, 꿀, 버터를 섞어 부드러운 상태로 만든다. 밀폐용기에 담고 잘 닫아 냉장보관 한다.
2. 아기용 식빵에 바른다.

레몬과 헤이즐넛 스프레드
헤이즐넛 파우더 2T • 헤이즐넛 오일 1t • 사탕수수 설탕 ½t • 레몬 제스트 ½t • 버터 1T

1. 모든 재료가 부드러운 상태가 되게 섞는다. 밀폐용기에 담고 잘 닫아 냉장보관 한다.
2. 아기용 식빵에 바른다.

당근을 이용한 스프레드
당근 퓌레 2T • 오렌지주스 조금 • 오렌지 제스트 조금 • 버터 1T

1. 당근은 곱게 으깨고 오렌지주스, 오렌지 제스트, 버터를 섞어 부드러운 상태로 만든다. 밀폐용기에 담고 잘 닫아 냉장보관 한다.
2. 빵에 바르면, 감자나 채소 퓌레의 맛을 느끼게 해준다.

고등어를 이용한 스프레드
이태리 파슬리 1줄기 • 찜기에 익힌 고등어 살코기 2T • 레몬즙 조금 • 버터 1T

1. 작은 유발에 이태리 파슬리 잎을 곱게 으깬다.
2. 익은 고등어 살을 곱게 으깨고 이태리 파슬리, 레몬즙, 버터를 넣어 부드러운 상태로 만든다. 밀폐용기에 담고 잘 닫아 냉장보관 한다.
3. 식사 맨 처음 시작할 때 사용하고, 채소 수프 먹기 전에 사용한다.

Assiette clown

삐에로 식사

간식, 식사, 채소

24개월부터

1회 분량
10분 준비
5분 익힘

달걀 1개 • 훈제 연어 슬라이스 1장 • 식빵(또는 캄파뉴 슬라이스) 1장 • 시금치나 샐러드용 채소 여러 장 • 방울토마토 4개

1. 아기용 접시에 달걀 오믈렛과 모든 재료들을 어릿광대 머리 형태로 잘 배치한다.

⋯→ **활용하기**

지금 이 방법을 보았다면, 망설이지 말고 아기용 접시에 다른 다양한 모양을 만들자. 프로마주 블랑, 리코타 치즈, 염소치즈, 하몽, 그리고 사과나 배, 망고 같은 과일을 이용한다.

Mini-sandwichs mimosa

달걀이 들어간 미니 샌드위치

균형 잡힌 식사

24개월부터

3회 분량
15분 준비
15분 익힘

* mimosa : 달걀을 반으로 나누어 노른자에 마요네즈를 얹은 삶은 달걀. 전통적으로 달걀이 들어간 요리를 칭함

껍질 벗긴 완두콩 30 g(냉동도 가능) • 달걀 1개 • 아보카도 1개 • 민트 잎 10장 • 소금 1꼬집 • 후추 조금 • 와인 식초 ½ t • 식빵 6장 • 상추 또는 로메인 잎 5장 • 방울토마토 6개 • 차이브 3줄기 • 참깨 1 t

필요한 도구
믹서 • 꼬치

1. 완두콩과 달걀을 15분 동안 찜기에 찐다. 흐르는 물에 완두콩을 식히고, 달걀도 흐르는 물에 껍질을 벗긴다.

2. 믹싱볼에 아보카도 과육, 완두콩, 잘 씻어 잘게 썬 민트 잎, 소금, 후추, 와인 식초를 넣고 포크를 이용하여 으깨서 잘 섞는다. 작은 조각이 보이는 식감으로 만든다. 또는 되직한 크림처럼 만들려면 믹서를 이용한다.

3. 식빵 둘레의 단단한 부분을 잘라낸다. 상추 잎을 길고 가늘게 썰고, 방울토마토는 씻어서 반으로 썬다. 익힌 노른자는 손가락으로 잘게 부수고, 흰자는 포크의 등 부분으로 으깬다. 노른자는 모래 알갱이처럼 만든다.

4. 식빵 6장의 한쪽 면에 2에서 만든 스프레드를 바른다. 3장을 바닥에 깔고 길게 썬 상추, 달걀 ⅔ 정도를 빵 위에 얹는다. 스프레드가 발린 식빵 3장을 각각 덮는다.

5. 식빵을 4등분하고, 각각의 미니 샌드위치 위에 반으로 썰어둔 방울토마토와 꼬치를 꽂고, 차이브와 참깨를 뿌린다. 접시 위에 완성된 샌드위치를 놓고 남은 달걀을 뿌린다.

⋯ 맛

이 레시피와 참치는 아주 잘 어울린다. 참치를 먹으면서 느끼게 되는 본연의 맛이 아닌 쓴맛을 없애기 위해 올리브를 미니 샌드위치에 장식으로 사용한다.

Le brunch du dimanche

일요일의 브런치

식사

24개월부터

1회 분량
15분 준비
8분 익힘

바나나 ½개 • 망고 ½개 • 사탕수수 설탕 ½ t • 레몬즙 ½ t • 메추리알 2개 • 당근 1개 • 리코타 치즈 또는 코티지 치즈 4 T • 오레가노(허브) 1꼬집 • 차이브 조금 • 올리브오일 ½ t • 식빵 2장

1. 바나나와 망고를 정육면체로 썰고 설탕과 레몬즙을 넣어 잘 섞는다. 냉장고에 보관한다.

2. 오븐을 180℃로 예열한다.

3. 끓는 물에 메추리알을 4분 정도 익힌다. 껍질을 벗기고 반으로 썰어 냉장고에 보관한다.

4. 당근은 강판에 갈고 치즈, 오레가노, 깨끗이 씻어서 썰어둔 차이브를 넣어 잘 섞는다. 냉장고에 보관한다.

5. 올리브오일을 붓에 묻혀 식빵 양면에 골고루 바르고 오븐에 4분 정도 굽는다.

6. 큰 접시에 구운 식빵을 놓고 당근, 치즈 혼합물을 위에 바른 다음, 메추리알로 장식한다. 과일 샐러드(망고, 바나나)는 식빵 주위에 예쁘게 곁들인다.

⋯› **맛**

브런치는 아기들이 여러 가지 섞인 음식들을 받아들이는 데 가장 이상적인 메뉴. 브런치는 조금씩 여러 종류를 먹기 때문에 새로운 맛들을 발견할 수 있다. 이전에 안 먹는 재료들을 다양한 방법으로 바꿔 줄 수 있다. 구아카몰 대신 슬라이스한 아보카도를 부채꼴로 놓는 방법으로 아기가 잘 먹거나 아니면 안 먹는 경우처럼.

⋯› **영양**

브런치는 각각의 아기들이 필요로 하는 식사량과 식욕에 따른 양을 쉽게 조절할 수 있게 한다.

Crêpes roulées à la confiture

잼을 넣은 크레이프

아침 식사,
간식, 디저트

18개월부터

크레이프 20여 장
25분 준비
4분 구움
1시간 휴지

밀가루 200 g • 설탕 1 t • 소금 1꼬집 • 달걀 3개 • 우유 500 mL • 녹인 버터 1 t

크레이프 굽기
크레이프 1장당 올리브오일 조금 또는 버터 1조각

안에 채울 재료
잼 1 t : 블루베리, 딸기, 살구, 복숭아, 무화과 등 • 요거트 2 T • 슈거파우더 ½ t

--- 맛

기호에 따라 잼을 바른 크레이프나 아무것도 바르지 않은 크레이프를 주거나 사탕수수 설탕 또는 슈거파우더만 뿌릴 수 있다. 곱게 간 초콜릿을 뿌려 미식의 손길을 느끼게 해줄 수도 있다.

--- 알아두기

크레이프는 아침 식사, 디저트나 간식의 재료로 잘 어울린다. 나무주걱이나 실리콘주걱, 크레이프 팬을 구매하는 게 크레이프를 쉽게 만드는 데 도움이 된다. 아이들이 크레이프를 좋아하면 대체적으로 어른이 돼도 좋아하게 된다.

1. 믹싱볼에 밀가루, 설탕, 소금을 넣는다. 손이나 나무숟가락으로 섞는다.

2. 밀가루 혼합물 가운데 우물 모양을 만든 다음 달걀을 넣고 우유 100 mL를 붓는다. 거품기로 가운데 부분부터 시작해서 섞어 덩어리가 안 생기게 하면서, 우유를 조금씩 넣는다.

3. 마지막으로, 녹인 버터를 넣고 믹싱볼을 랩으로 잘 덮는다. 냉장고에 1시간 이상 보관하고 사용할 때 거품기로 반죽을 다시 섞는다. 필요하면 우유나 물을 조금 더 넣는다.

4. 굽기 위해 팬이나 크레이프 전문 팬을 센불로 달구고, 붓으로 기름을 잘 바른다. 작은 국자로 반죽을 지름 약 15 cm 크기로 팬에 놓고 잘 돌려서 골고루 퍼지게 한다.

5. 바닥 부분이 색이 나면 쉽게 떨어진다. 뒤집기 전에 녹인 버터를 윗면에 바르고 반대편 버터 바른 면도 색을 내주고 접시에 미끄러지듯이 옮겨 담는다.

6. 잼과 요거트를 크레이프에 바르고 먹이기 전에 슈거파우더를 뿌린다.

Ballotins au chèvre frais*

염소치즈로 만든 춘권

간식, 디저트

24개월부터

1회 분량
15분 준비
4분 익힘

* ballotin : 포장 팩

큰 청포도 4알 • 염소치즈 4T • 아몬드 파우더 2T • 춘권피* 4장 • 올리브오일 1t • 샐러드용 채소 여러 장(상추 또는 로메인) • 사과 ½개 • 헤이즐넛 1t

* 원서에는 '푀유 드 브릭(feuilles de brick)'을 사용했는데, 춘권피로 대체 가능하여 바꿈

필요한 도구
믹서

1. 오븐을 210℃로 예열한다.

2. 포도는 씻어서 씨를 빼고 2등분한다. 염소치즈와 아몬드 파우더는 되직한 소스가 되게 믹서로 간다.

3. 춘권피를 반으로 자르고, 바삭한 부분이 위로 가게 펼쳐, 2에서 만든 염소치즈 혼합물을 채운다. 반으로 자른 춘권피 3장에도 같은 방식으로 채우고 잘 말아서 김밥 또는 포장 모양으로 만든다. 반죽 표면에 올리브오일을 붓으로 골고루 바른다.

4. 오븐에 4분 정도 굽고, 반죽의 표면에 예쁜 갈색이 나면 오븐에서 꺼낸다.

5. 씻어둔 샐러드용 채소는 얇게 썰고, 사과는 껍질을 벗기고 작은 정육면체로 썰어 레몬즙, 헤이즐넛 오일과 섞는다. 썰어둔 샐러드를 여기에 넣는다.

6. 아기용 접시에 샐러드를 밑에 깔고 그 위에 춘권을 얹는다.

···· 맛

이 홈메이드 레시피는 다양한 식재료를 맛볼 수 있는 좋은 기회가 된다. 치즈와 과일 또는 고기는 계절에 따라 또는 창의적인 아이디어에 따라 다양하게 바꿀 수 있다.

Velouté poireau, petit pois, mimosa

달걀, 완두콩, 파를 넣은 수프

수프

24개월부터

4회 분량
20분 준비
35분 익힘

파 1줄기 • 이태리 파슬리 2줄기 • 감자 3개 • 양파 1개 다진 것 • 월계수 잎 2장 • 버터 1조각 • 우유 또는 아몬드 우유 100 mL • 껍질을 벗긴 완두콩(냉동도 가능) 100 g • 달걀 2개 • 소금, 후추 조금 • 버터 1조각 • 생크림 또는 아몬드 파우더 1 T

필요한 도구
믹서

1. 파는 뿌리부분 ⅛을 잘라내고 흐르는 물에 씻어 모래나 불순물을 제거한다. 겉의 1겹을 벗기고 길이로 2등분한 다음 잘게 썰어둔다. 이태리 파슬리는 줄기와 잎을 분리한다. 감자는 껍질을 벗기고 얇게 썬다(슬라이스).

2. 꼬꼬뜨*나 바닥이 두꺼운 냄비에 버터 1조각을 두르고 양파와 파, 이태리 파슬리 줄기와 월계수 잎을 넣고 5분 정도 익힌다.
   * cocotte : 스튜 냄비

3. 감자와 우유를 더하고 채소가 잠길 정도까지 물을 붓는다. 뚜껑을 덮고 10분 정도 졸인 다음 완두콩을 넣고 10분 더 익힌다.

4. 그 동안 달걀을 10분 동안 익히고 흐르는 물에 달걀 껍데기를 벗긴다.

5. 체로 냄비 안의 완두콩을 골라내 따로 보관한다. 익힌 달걀을 으깨서 고운 체에 내리고, 이태리 파슬리 잎은 곱게 다진다.

6. 3에서 월계수 잎을 꺼내고 나머지는 믹서로 갈아서 소금, 후추로 간을 한다. 버터와 생크림을 더하거나 아몬드 파우더를 더해 믹서로 한 번 더 곱게 간다.

7. 접시에 붓고 다진 이태리 파슬리와 완두콩, 체에 내린 달걀로 장식한다.

⋯ 개월 수에 따라

개월 수가 더 늘어나면, 채소는 믹서로 갈지 않고 작은 정육면체로 익힌다. 이렇게 하면 채소의 섬유질을 그대로 보존할 수 있어 저작 작용에 도움이 된다.

Beignets de fleurs ou de fruits

과일, 꽃 튀김

간식, 디저트

24개월부터

1회 분량
25분 준비
4분 익힘
30분 휴지

튀김용 기름
식용유 또는 포도씨유 ½ L

꽃 튀김용 반죽
밀가루 3 T • 이스트 1꼬집 • 먹는 샘물 ½ C • 아카시아 꽃 3줄기 • 아카시아 꿀 1 t • 오렌지 플라워 워터 1 t

1. 믹싱볼에 밀가루, 이스트를 섞고 물을 조금씩 거품기로 저으면서 넣는다. 냉장고에 보관한다.

2. 시골에서 아카시아 꽃줄기를 딴다. 흐르는 물에 빠르게 씻고 깨끗한 천에 물기를 제거한다. 아카시아 꽃을 크기에 따라 3~4송이로 자른다.

3. 아카시아 꽃을 준비하는 동안 작은 웍이나 냄비 또는 튀김기에 기름을 넣어 불에 올린다. 튀김용 반죽에 아카시아 꽃송이를 담갔다가 빼서 1~2분 정도 골고루 튀긴다.

4. 꿀을 오렌지 플라워 워터에 녹인다. 아기용 접시에 타지 않게 튀긴 아카시아 꽃 튀김을 올리고 오렌지 향을 섞은 꿀을 뿌린다.

과일 튀김
밀가루 3 T • 이스트 1꼬집 • 먹는 샘물 ½ C • 사과 ½개 • 바나나 ½개

1. 믹싱볼에 이스트와 밀가루를 섞고, 물을 조금씩 거품기로 저으면서 넣는다. 냉장고에 보관한다.

2. 사과는 씻고 껍질을 벗겨 넉넉히 1 cm 두께로 썬다. 바나나는 길이로 3등분하고 반죽에 담가서 골고루 1~2분 정도 튀긴다.

3. 튀긴 과일은 종이를 깔아 놓은 접시에 놓고 과도한 기름을 제거한다.

⋯▸ 영양

튀김 반죽을 묻혀 익힐 때 기름은 헤이즐넛 색깔로 변하거나 연기가 나고, 쓴 냄새가 나면 이 기름은 버리고 다시 냄비를 깨끗이 씻어 새 기름을 넣고 다시 시작해야 한다. 나쁜 맛뿐 아니라 건강에 좋지 않은 화학 물질이 탄 기름 속에 증가할 수 있기 때문이다.

Piccata* de veau, amandes, cheveux d'ange*

송아지 고기와 아몬드를 곁들인 파스타

균형 잡힌 식사, 고기

24개월부터

1회 분량
20분 준비
7분 익힘

* pimlata : 피카타는 이탈리아 음식 중 하나로 구워서 얇게 썬 송아지 고기와 레몬즙, 케이퍼, 버터 등이 소스의 베이스가 되는 음식
* cheveux d'ange : 이태리 면 종류 중 가늘고 짧은 면 종류

송아지 고기 슬라이스 40g • 소금 1꼬집(레시피에서 언급한 대로 처음에 소금 간을 함) • 레몬 ½개 • 작은 바질 잎 10장 • 슬라이스 아몬드 1T • 버터 1조각 • 올리브오일 1t • 레몬즙 1T • 슈브 당쥐(파스타 면) 40g • 버터 1조각

1. 절구로 송아지 고기를 두들겨서 얇게 편다. 절구가 없다면 정육점에서 고기를 얇게 썰어달라고 부탁한다. 가볍게 양쪽으로 소금 간을 한다. 미리 레몬 ½개 분량의 제스트를 준비하고, 바질 잎을 깨끗이 씻어 얇게 썬다.

2. 팬을 불에 올리고 버터를 넣은 다음 아몬드를 넣어 골고루 색을 낸다. 바질을 반 정도 섞고 팬에서 꺼내 따로 보관한다.

3. 올리브오일을 두른 팬에 송아지 고기를 놓고 센불로 양쪽 면을 2분씩 굽는다. 레몬즙으로 데글레이즈하고 레몬 제스트를 뿌린다. 송아지 고기를 뒤집어 익히면서 나온 육즙들을 골고루 묻힌다.

4. 그 동안 소금을 넣어 끓인 물에 슈브 당쥐(파스타 면)를 3분 정도 삶고, 물에서 꺼내 버터와 나머지 바질을 같이 넣어 섞는다.

5. 고기를 썰고, 슈브 당쥐(파스타 면)와 함께 접시에 놓고 아몬드를 뿌린다.

Travers de porc et maïs

돼지 갈빗살과 옥수수

식사, 고기, 전분

24개월부터

1회 분량
20분 준비
30분 익힘
1시간~**하룻밤** 휴지

꿀 ½ t • 간장 조금 • 참기름 ½ t • 작은 크기의 돼지 갈빗살 2대(또는 살코기 부위) • 오일 1 t • 옥수수 ½개 • 버터 1조각

1. 밀폐용기에 꿀, 간장, 참기름을 넣고 섞는다. 돼지 갈빗살도 넣고 꼼꼼히 닫는다. 잘 흔들어서 냉장고에 최소 1시간 이상 재운다.

2. 재운 돼지 갈빗살을 기름을 두른 오븐용 팬에 넣고 180℃로 예열한 오븐에 20분 정도 익히거나, 팬에 기름 1 t를 둘러 고기를 넣고 규칙적으로 돌려주면서 15분 정도 익힌다.

3. 옥수수는 껍질을 벗기고 물을 넣은 냄비에 20분 정도 삶는다. 물을 제거하고 반으로 자른다.

4. 옥수수에 버터를 바르고, 익힌 돼지고기와 함께 낸다.

···**맛**

앞치마나 큰 턱받이를 착용하면, 아기들은 맨 손으로 먹을 수 있다. 손으로 먹는 재미를 알 수 있고, 이런 준비가 식사의 준비라는 표시로 인식한다.

Rôti de bœuf, purée de champignons

버섯 퓌레, 소고기 로스팅

식사, 고기, 전분
24개월부터

1회 분량
15분 준비
40분 익힘
15분 휴지

마늘 2쪽 • 버터 1조각 • 후추 조금 • 소고기 살코기 40 g • 감자 1개 • 양송이버섯 6개 • 버터 1조각 • 생크림 1t • 레몬즙 1t

1. 마늘을 2등분하고 칼등을 이용하여 으깬다. 작은 접시에 으깬 마늘, 버터, 후추를 뿌려 섞고 고기 위에 이 혼합물을 골고루 덮어서 15분 정도 향이 배게 둔다.

2. 그 동안 감자는 껍질을 벗기고, 작은 정육면체로 썰어 찜기에 20분 동안 익힌다.

3. 버섯은 씻고 작은 정육면체로 썬다. 기름을 넣지 않은 상태에서 센불에 4분 정도 볶고, 약한 불로 줄이고 버터 1조각을 넣어 6분을 더 볶는다. 버섯은 꺼내 따로 보관하고 같은 팬에 고기를 앞뒤로 5분간 굽는다.

4. 고기가 다 익으면, 작은 크기로 썰어 접시에 놓는다. 익은 감자를 으깨서 같이 놓는다.

5. 고기 구웠던 팬을 불에 올리고 익힌 버섯, 생크림, 레몬즙을 넣어 팬 바닥에 붙은 소스 베이스들을 긁어 미리 접시에 담아둔 고기와 감자 옆에 잘 정리해서 놓는다.

Mon gâteau d'anniversaire

내 아기를 위한 생일 케이크

간식, 디저트

24개월부터

8명 먹을 크기의
케이크 1개
50분 준비
20분 익힘

버터 60 g • 밀가루 70 g • 옥수수 전분 70 g • 코코아 파우더 20 g • 이스트 5 g • 달걀 3개 • 설탕 80 g • 요거트 120 g

장식용 재료
아몬드 마지팬 조금 • 노란색 천연색소 5방울 • 빨간색 천연색소 5방울 • 슈거파우더

초콜릿 샹티이를 위한 재료
생크림 500 mL • 슈거파우더 1 T • 소금 1꼬집 • 코코아 파우더 20 g

1. 지름 18 cm 케이크 틀에 버터를 바르고 밀가루를 뿌린다. 오븐을 180℃로 예열한다.

2. 버터를 녹이고 천천히 식히면서 다시 단단해지지 않게 주의한다. 믹싱볼에 밀가루, 옥수수 전분, 코코아 파우더와 이스트를 체에 친다.

3. 다른 믹싱볼에 달걀을 깨서 넣고, 설탕을 넣어 무스 같은 반죽이 될 때까지 거품기로 올린 다음, 요거트를 넣는다. **2**를 넣고 알뜰주걱으로 부드럽게 섞는다.

4. **3**에 녹인 버터를 섞고, 이 반죽을 케이크 틀에 넣고 20분 정도 오븐에 익힌다. 가는 꼬챙이나 칼로 찔러 익었는지 확인한다. 꼬챙이를 뺐을 때 묻어나는 게 없어야 한다. 선반 위에 올려 식힌다.

5. 아몬드 마지팬을 2등분하고, 천연색소를 넣어 덩어리지지 않게 잘 섞어서 분홍색과 연한 노란색 반죽을 만든다.

6. 작업대와 나무 롤러에 슈거파우더를 묻힌다. 두 가지 색 반죽을 mm 단위로 밀고 작은 원형 틀로 찍어 원형으로 만든다. 또는 둥근 깍지 뒷면으로 찍어 원형으로 만든다.

7. 생크림에 슈거파우더와 소금을 넣고 거품기나 키친 에이드에 넣고 거품을 올린다. 코코아 파우더를 조금씩 뿌려서 섞는다. 작은 깍지를 끼운 짤주머니에 이 초콜릿 샹티이를 채우고 케이크에 장식한다. 남은 초콜릿 샹티이는 믹싱볼에 담아 따로 보관한다. 아몬드 마지팬도 장식을 해준다.

… 알아두기

이 케이크는 만들어 놓고 냉장고에 어느 정도 보관한 후 먹어야 한다.

… 조금 더 빨리 할 수 있는 버전

아몬드 마지팬 대신 시중에서 판매하는 색을 넣은 미니 머랭으로 대체 가능하다. 카카오가 들어간 샹티이 크림은 시중에 판매하는 판형 초콜릿을 녹이고, 생크림 2T을 섞어서 케이크에 색을 넣어줄 수 있다.

Limonade maison, variantes

집에서 만드는 다양한 레모네이드

음료수

24개월부터

1잔 분량
10분 준비

새콤한 탄산음료 재료
라임즙 1t • 사탕수수 설탕 ½ t • 탄산수 ½ C • 먹는 샘물 ½ C

핑크색 탄산음료 재료
라임즙 1t • 장미 시럽 또는 석류 시럽 1t • 탄산수 ½ C • 먹는 샘물 ½ C

기운을 북돋아 주는 음료 재료
라임즙 1t • 바닐라 설탕 1t • 생강 조금 • 탄산수 ½ C • 먹는 샘물 ½ C • 민트 1줄기

1. 모든 재료를 차게 섞는다. 생강이 들어간 레시피는 10분 정도 음료에 담가 우려내고 먹기 바로 전에 거른다.

2. 민트 잎으로 장식한다.

⋯ 영양

집에서 만드는 레모네이드는 여러 가지 장점이 있다. 설탕의 양을 조절할 수 있고 아기들에게 주는 재료가 자연 그대로의 상태인 재료가 많다. 그리고 캔으로 판매하는 음료 구매를 피하게 돼서 경제적인 관점에서도 도움이 된다.

계량 단위와 이에 상응하는 무게

≫ 재료의 계량 단위 ≪

재료	1t	1T	머스터드 1잔
버터	7 g	20 g	–
코코아 파우더	5 g	10 g	90 g
생크림(고농도)	15 mL	40 mL	200 mL
생크림	7 mL	20 mL	200 mL
밀가루	3 g	10 g	100 g
다양한 액체 (물, 기름, 식초, 알코올)	7 mL	20 mL	200 mL
옥수수 전분	3 g	10 g	100 g
아몬드 파우더	6 g	15 g	75 g
건포도	8 g	30 g	110 g
쌀	7 g	20 g	150 g
소금	5 g	15 g	–
쿠스쿠스류	5 g	15 g	150 g
설탕	5 g	15 g	150 g
슈거파우더	3 g	10 g	110 g

* t : 티스푼 / T : 테이블스푼

≫ 액체 계량 단위 ≪

리큐르 1잔 : 30 mL

커피 1잔 : 80~100 mL

머스타드 1컵 : 200 mL

머그 1잔 : 250 mL

≫ 간략한 정보 ≪

달걀 1개 : 50 g

버터 1조각 : 5 g

버터 1블럭 : 15~20 g

≫ 오븐 온도 맞추기 ≪

온도(℃)	온도 조절장치
30	1
60	2
90	3
120	4
150	5
180	6
210	7
240	8
270	9

재료별 레시피 색인

≫ 과일 ≪

딸기
다양한 과일 주스 _ 44
딸기 수프 _ 114
산뜻한 프로마주 블랑과 산딸기 _ 120
다양한 죽과 밀크셰이크 _ 132
잼을 넣은 크레이프 _ 170

바나나
프로마주 블랑을 넣은 간식용 콤포트 _ 34
찐 바나나 _ 36
아보카도를 곁들인 바나나 _ 38
다양한 과일 주스 _ 44
사과, 바나나 무스 _ 76
바나나 캐러멜 _ 84
요거트와 말린 과일이 들어간 간식 _ 116
다양한 죽과 밀크셰이크 _ 132
새우를 곁들인 밥과 익힌 바나나 _ 154
일요일의 브런치 _ 168
과일 튀김 _ 175

사과
내 생애 첫 과일 주스 _ 20
집에서 만드는 사과 콤포트 _ 32
다양한 과일 주스 _ 44
클래식한 사과 콤포트 _ 46
쁘디-스위스를 곁들인 과일 간식 _ 74
사과, 바나나 무스 _ 76
세몰리나를 이용한 작은 푸딩 _ 86
염소치즈로 만든 춘권 _ 172
과일 튀김 _ 175

≫ 채소 ≪

감자
증기로 익힌 채소들 _ 54
다양한 종류의 감자 퓌레 _ 58
아티초크, 감자 수프 _ 60
래디시 잎 수프 _ 64
버섯을 넣은 닭가슴살 _ 70
요거트와 감자와 흰살 생선 _ 72
파와 감자가 들어간 성대 수프 _ 102
밤을 곁들인 칠면조 _ 110
단호박과 감자를 곁들인 소고기 그라탱 _ 112
멕시칸 샐러드 _ 140
얇은 감자 타르트와 돼지고기 안심 _ 150
달걀, 완두콩, 파를 넣은 수프 _ 174
버섯 퓌레, 소고기 로스팅 _ 180

단호박
다양한 채소 육수 _ 24
증기로 익힌 채소들 _ 54
단호박과 감자를 곁들인 소고기 그라탱 _ 112
코코넛 우유를 넣은 호박 크림 _ 142

당근
내 생애 첫 채소 주스 _ 18
다양한 채소 육수 _ 24
호박, 펜넬, 당근이 들어간 수프 _ 26
증기로 익힌 채소들 _ 54
익힌 봄철 채소 _ 96
파와 감자가 들어간 성대 수프 _ 102
곱게 간 당근과 오렌지주스 _ 136
요거트 아이올리 소스를 곁들인 생선과 채소 _ 146
당근을 이용한 스프레드 _ 162
일요일의 브런치 _ 168

양파
녹색 완두콩 요리 _ 52
익힌 봄철 채소 _ 96
간으로 만든 무스와 빵 _ 104
밤을 곁들인 칠면조 _ 110
달걀, 완두콩, 파를 넣은 수프 _ 174

≫ 고기 ≪

닭고기

핑크 자몽을 넣은 닭가슴살 _ 68
버섯을 넣은 닭가슴살 _ 70
간으로 만든 무스와 빵 _ 104
쿠스쿠스와 근대를 곁들인 닭고기 _ 106
밤을 곁들인 칠면조 _ 110
으깬 고구마와 닭 간 _ 152

돼지고기

얇은 감자 타르트와 돼지고기 안심 _ 150
돼지 갈빗살과 옥수수 _ 178

소고기

단호박과 감자를 곁들인 소고기 그라탱 _ 112
버섯 퓌레, 소고기 로스팅 _ 180

송아지 고기

송아지 고기와 아몬드를 곁들인 파스타 _ 176

≫ 생선 ≪

요거트와 감자와 흰살 생선 _ 72
넙치를 만난 상추와 브로콜리 _ 98
농어, 토마토와 파스타 면이 만난 빠삐요뜨 _ 100
파와 감자가 들어간 성대 수프 _ 102
요거트 아이올리 소스를 곁들인 생선과 채소 _ 146
마리네이드 연어 _ 148

≫ 달걀 ≪

프렌치 스타일 삶은 달걀 _ 56
래디시 잎 수프 _ 64
처음 만나는 비스킷 _ 88
밥으로 만든 머핀 _ 122
살구 크림 _ 124
초콜릿, 헤이즐넛 미니케이크 _ 126
오렌지향이 나는 우유 _ 130
달걀을 넣은 브리오슈 _ 134

요거트 아이올리 소스를 곁들인 생선과 채소 _ 146
다양한 재료로 만드는 메밀 갈레트 _ 156
블루베리를 넣은 티라미수 _ 158
뻬에로 식사 _ 164
달걀이 들어간 미니 샌드위치 _ 166
잼을 넣은 크레이프 _ 170
달걀, 완두콩, 파를 넣은 수프 _ 174
내 아기를 위한 생일 케이크 _ 182

≫ 유제품 ≪

우유

귀리 우유 젖병 _ 28
아몬드를 넣은 우유 _ 48
귀리로 만든 죽 _ 50
우유 파스타 _ 92
파와 감자가 들어간 성대 수프 _ 102
간으로 만든 무스와 빵 _ 104
단호박과 감자를 곁들인 소고기 그라탱 _ 112
밥으로 만든 머핀 _ 122
살구 크림 _ 124
오렌지향이 나는 우유 _ 130
다양한 죽과 밀크셰이크 _ 132
다양한 재료로 만드는 메밀 갈레트 _ 156
잼을 넣은 크레이프 _ 170
달걀, 완두콩, 파를 넣은 수프 _ 174

치즈

프로마주 블랑을 넣은 간식용 콤포트 _ 34
핑크 자몽을 넣은 닭가슴살 _ 68
단호박과 감자를 곁들인 소고기 그라탱 _ 112
치즈, 포도 딱띤 _ 118
브로콜리가 들어간 미니 라비올리 _ 144
다양한 재료로 만드는 메밀 갈레트 _ 156
블루베리를 넣은 티라미수 _ 158
일요일의 브런치 _ 168
염소치즈로 만든 춘권 _ 172

감사의 글

책 속의 사진을 위한 예쁜 조명 때문에 수고한 Claire, 책 출간을 위해 마지막 촬영까지 기다려준 귀여운 요정 Garlone, 경탄할 만한 작품들 활용을 위해 애쓴 Lisa에게, 또한 Céline, Christelle 그리고 3년 동안이나 아기들의 이유식에 함께 몰두했던 Romuald에게 감사의 말을 전한다.

그리고 태어난 순간부터 내 사명의 이유가 되었던 내 딸 Joséphine, 마지막으로 동지이면서 요리에 미식가인 내 딸 Lucille에게 감사하면서 마친다.

Mamanchef, Laura Annaert

≫ 재료 구입처 ≪

시중에서 쉽게 구하기 어려운 재료를 살 수 있는 곳입니다.

구르메에프앤드비코리아(www.gourmet.co.kr) : 치즈, 유럽 식재료 등 판매
유로 구르메(오프라인 매장) : 치즈, 유럽 식재료 등 판매
호시노 앤 쿠키스(www.hosino.co.kr) : 적은 양 조리에 적당한 도구 판매
SSG 푸드마켓(www.ssgfoodmarket.com, 오프) : 다양한 식재료 판매

My First Le Creuset
Le Creuset Baby

소중한 우리 아이를 위한 첫 번째 르크루제
프랑스 명품 주방용품 브랜드 르크루제가 베이비 세트를 선보입니다.

아이의 식사시간을 더욱 즐겁게 하는 앙증맞은 디자인과 색감 그리고
철저한 품질 테스트를 통과해 안심하고 이용할 수 있습니다.

힐링과 웰빙 트렌드에 맞추어 우리 아이의 첫 식기는 르크루제로 준비해 보세요.

Fait Maison / Recettes pour bébés
text by Laura Annaert and photographs by Claire Curt ⓒ Hachette-Livre (Hachette Pratique), Paris 2014
All rights Reserved Korean translation ⓒ 2015 by Dorim Books
Korean translation rights arranged with Hachette-Livre (Hachette Pratique) through Orange Agency

이 책의 한국어판 저작권은 오렌지에이전시를 통해 저작권사와 독점 계약한 도림북스에 있습니다. 저작권법에 의해 한국 내에서 보호를 받는 저작물이므로 무단 전재와 무단 복제를 금합니다.

프랑스 아기의 이유식은 다르다

1판 3쇄 펴낸 날   2022년 10월 5일

지은이   MamanChef
옮긴이   임석

기획·편집   신이수
편집·표지 디자인   김미정

펴낸이   신이수
펴낸곳   도림북스
            경기도 남양주시 화도읍 맷돌로 50
팩스번호   02-6442-1423
출판등록   제399-2017-000024호
블로그   blog.naver.com/dorimbooks
페이스북   www.facebook.com/dorimbooks
이메일   dorimbooks@naver.com

ISBN   979-11-953486-5-7 13590

▌이 도서의 국립중앙도서관 출판예정도서목록(CIP)은 서지정보유통지원시스템 홈페이지(http://seoji.nl.go.kr)와 국가자료공동목록시스템(http://www.nl.go.kr/kolisnet)에서 이용하실 수 있습니다. (CIP제어번호 : CIP2015023717)

SIMPLE LIFE ECOBAG

심플 라이프 에코백

소박하고 단순한 삶을 담은 나만의 디자인

김안나 지음

PROLOGUE

새로운 도시에 가면 그곳의 에코백을 수집한다.
낯선 풍경과 새로운 만남을
오래도록 기억하게 해줄 것을 기대하며
　　　　　평범한 천 가방 하나를 고르는 것이다.

그렇게 모은 에코백들이
이제는 그곳의 향기가 묻은 좋은 추억이 되었다.

흘러가는 시간이 고스란히 묻은 에코백을
어깨에 멘 오늘은 또 어떤 소중한 만남이 기다리고 있을까.

CONTENTS

프롤로그 004

만들기 기초 알기

바느질 도구 010

바느질 용어 012

봉제 기법 014

어울리는 에코백 발견하기

스타일 선택하기 019

컬러 매치하기 021

원단 고르기 024

PART 1
기본적인 에코백

PART 2
장식이 있는 에코백

032 *Feel Breathing*
기본 에코백

034 *Picnic in the City*
에코 토트백

036 *Romantic Movement*
에코 호보백

038 *Grocery Getaway*
에코 플라스틱백

040 *Safe Sunday*
에코 클러치

042 *Sealed with Pleasure*
지퍼가 있는 에코백

044 *Inside Out*
양면 에코백

050 *Hand Stitches*
스티치 에코백

052 *Patchwork Denim*
패치워크 에코백

054 *Brighten Your Wardrobe*
금속 장식 클러치

056 *Lovely Touch*
부토니에 장식 에코백

058 *San Francisco Dreams*
데님 리폼 에코백

060 *Additional Touch*
티셔츠 리폼 에코백

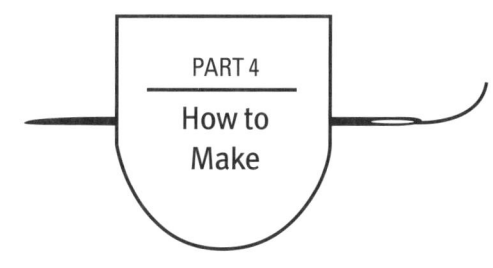

066 *Delicious Imagination*
　　미니 에코백
068 *Walking Around*
　　강아지 산책백
070 *Portable Office*
　　노트북&태블릿PC 파우치
072 *Cosmetic Color*
　　한 손 크기 파우치
074 *Campingholic*
　　레저용 토트백
076 *Getaway Style*
　　위켄더백
078 *Reborn Process*
　　에코백 리폼 소품

084 기본 에코백
088 에코 토트백
092 에코 호보백
096 에코 플라스틱백
100 에코 클러치
104 지퍼가 있는 에코백
108 양면 에코백
112 스티치 에코백
116 패치워크 에코백
118 금속 장식 클러치

122 부토니에 장식 에코백
124 데님 리폼 에코백
126 티셔츠 리폼 에코백
132 미니 에코백
136 강아지 산책백
140 노트북&태블릿PC 파우치
144 한 손 크기 파우치
148 레저용 토트백
152 위켄더백
156 에코백 리폼 소품

에필로그 161

만들기 기초 알기

가볍고 단순한,
하지만 특별한 그 무엇.
도심 속 무심히 흘러가는 듯한
작은 천,

에코백이 담아내는 풍경은
매우 다채롭지만 낯설지 않다.

'나'라는 사람을 드러내는
다양한 도구 중
가장 격식을 차리지 않은
자유로운 느낌이 마음에 든다.
삶의 속도를 조금 늦추면
여유는 그만큼 늘어난다.
에코백은 그런 여유로운 삶의
태도를 지향한다.

01
바느질 도구

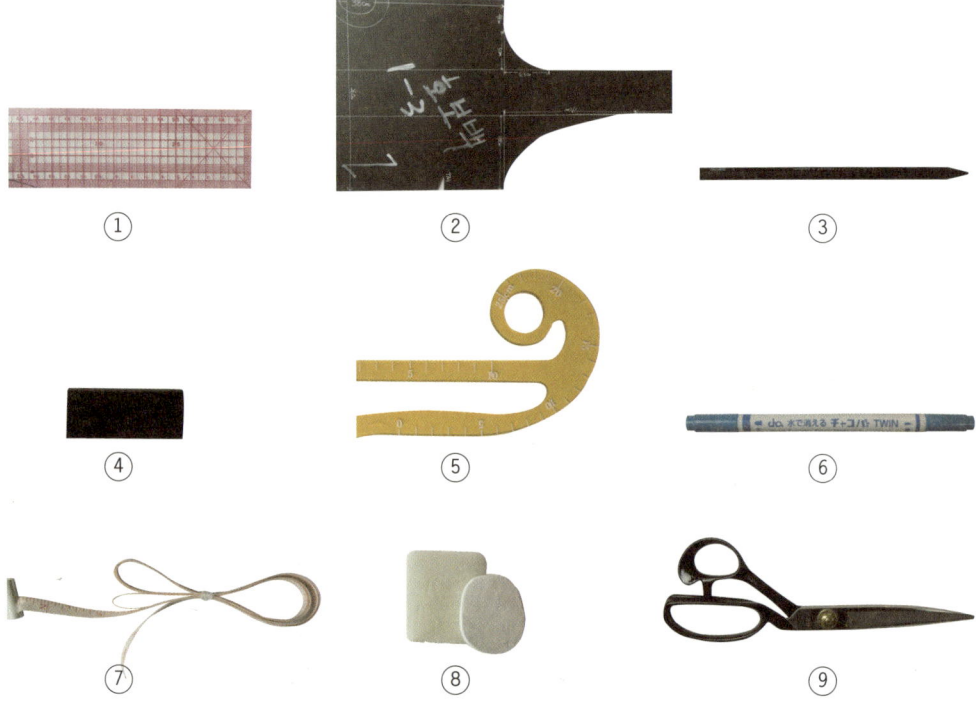

도안용

1 **방안자** 도안을 그릴 때나 치수를 잴 때 활용한다.
2 **두꺼운 도화지** 도안을 그리고 패턴을 만들 때 사용한다. 한 번 만들어놓으면 두루두루 활용할 수 있다.
3 **연필** 도안을 그릴 때 사용한다.
4 **지우개** 도안을 수정할 때 사용한다.
5 **곡자** 가방의 어깨선이나 손잡이의 곡선 부분을 도안할 때 사용한다.
6 **기화펜** 원단에 재단 선을 표시할 때 사용하는데 2~3일 후면 지워진다.
7 **줄자** 가방의 치수를 재거나 곡선 치수를 잴 때 사용한다.
8 **초크** 분필 초크나 파라핀 초크 등이 있으며 어두운 천을 재단할 때 사용한다.

봉제용

9 **재단가위** 원단만 자르는 가위로 사용하며 두꺼운 종이를 자를 때는 다른 가위를 사용해 재단가위의 날이 상하지 않도록 유의한다.
10 **실** 가방의 색상에 따라 사용할 수 있도록 다양한 컬러를 구비해놓으면 좋다. 면사는 보편적으로 쓰이며, 표면이 코팅된 퀼트 실은 면사보다 튼튼하고 매끄러워 손바느질 시 주로 사용한다.
11 **바늘** 손바느질용으로는 퀼트 바늘세트를 활용하자. 다양한 바느질을 할 때 유용하다.
12 **실뜯개** 바느질한 부분을 뜯어내야 할 때 손쉽게 실밥을 제거할 수 있다. 원단에 손상이 가지 않게 도와준다.
13 **쪽가위** 실밥을 자를 때 사용한다.
14 **시침핀** 원단을 고정하는 용도로 활용한다.

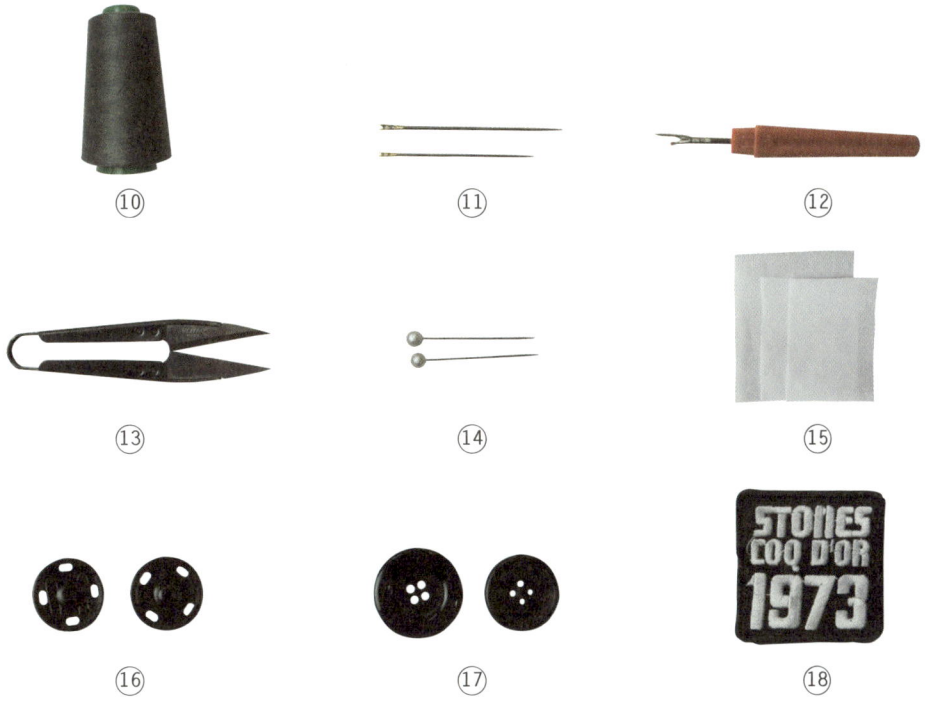

15 **접착심지** 두께와 종류가 다양해 필요한 부분에 적절한 두께로 재단해 사용하는 것이 중요하다. 단단하고 견고하게 가방 모양을 잡고 싶다면 원단의 안쪽에 딱딱한 심지를 접착심지와 함께 대고 다리미로 눌러 압착한다.

디자인용

16 **스냅** 가방의 디자인에 따라 다양한 크기와 종류의 스냅을 사용할 수 있다. 가방의 여밈을 마무리하기 위해 입구 중앙이나 주머니 부분에 주로 사용한다.

17 **단추** 스냅보다 쉽게 사용이 가능하며 가방을 리폼하거나 디자인에 포인트를 주기 위해 사용하면 좋다. 꼭 시중에 판매되는 단추를 사용하기보다 옷장에 있는 헌 옷을 활용해보면 어떨까.

18 **와펜** 의류나 가방에 봉제하거나 스티커처럼 접착하는 직물 소재의 패치다. '엠블럼' 혹은 '배지'라고도 하며 간단한 손바느질로 원단에 덧대거나 섬유용 본드를 사용하여 붙이기도 한다. 주로 펠트에 자수를 한 와펜을 많이 사용한다. 또한 의류나 모자에 포인트를 줄 때 사용하기도 하고, 가방에 부착해 스트리트 감성을 연출하기도 한다.

02
바느질 용어

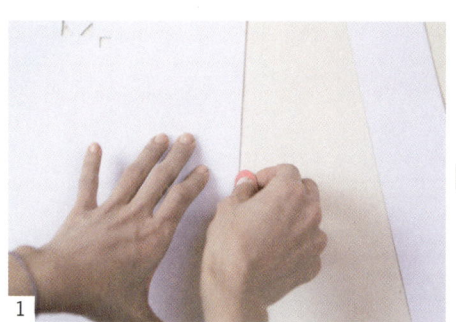

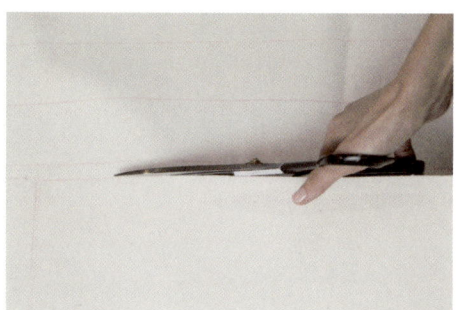

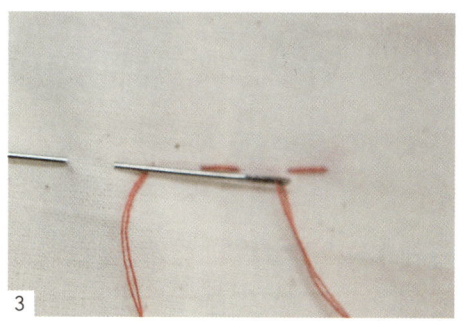

1. **마름질** 만들기를 시작하기 전, 직물을 만들기 좋은 상태로 준비하는 단계로 가방 치수에 맞추어 재고 자르는 일이다.
2. **개더 잡기** 각을 잡은 두 개의 직물을 서로 맞추거나 균일하게 모아 잡는 것으로, 개더링 Gathering한다고도 말한다. 바느질하고자 할 때 천을 잘 맞물리게 하여 바늘땀 간격과 선을 곧게 하고자 할 때 쓰는 용어.
3. **홈질** 바늘땀의 간격을 0.1~0.2cm 정도로 좁혀 일자로 촘촘히 박는 바느질법과 0.5cm 정도의 성근 폭으로 개더 잡기에 사용하는 바느질법이 있다.
4. **박음질** 재봉틀을 이용하지 않고 손으로 꿰매는 바느질 기법. 바느질한 한 땀만큼 뒤돌아 다시 한 땀을 박으며 이동한다. 마무리가 튼튼해 두꺼운 옷감이나 제품을 만들 때 많이 활용한다.
5. **오버로크(지그재그)** 오버로크 혹은 지그재그 바느질이라고 하며 원단의 시접처리를 할 때 많이 사용한다. 원단의 올 풀림을 방지하며 제품의 깔끔한 마감을 위해 꼭 필요하다.
6. **휘갑치기** 마름질법 중 하나로 옷감의 가장자리 올이 풀리지 않도록 꿰매는 바느질법이다.

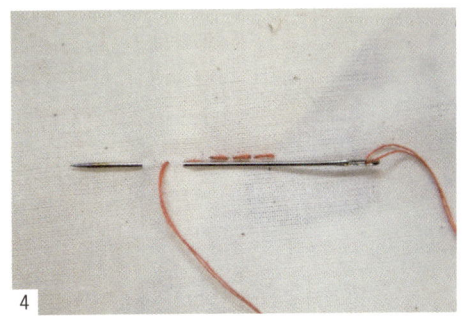

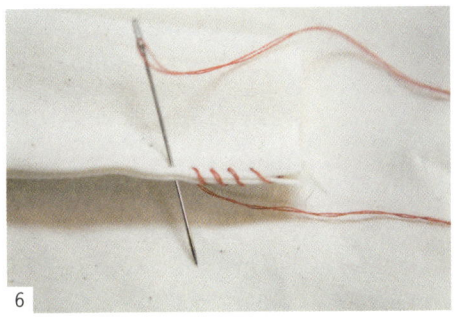
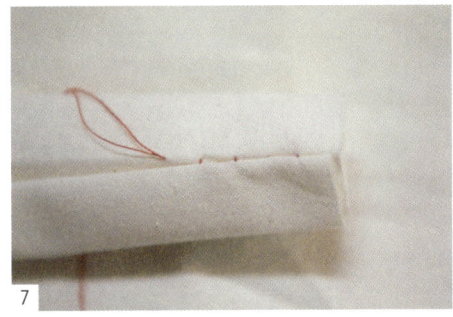

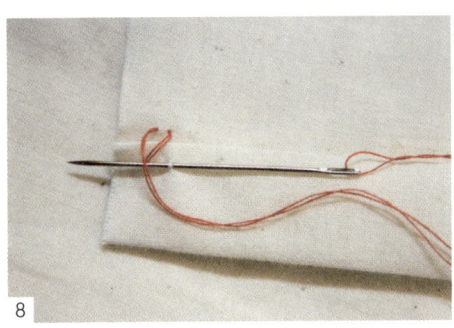
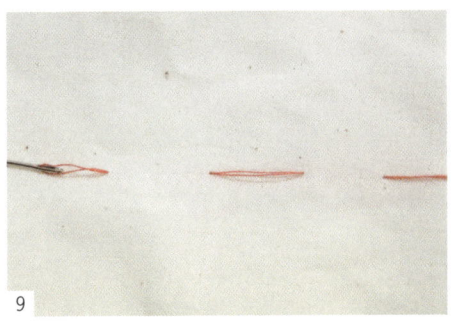

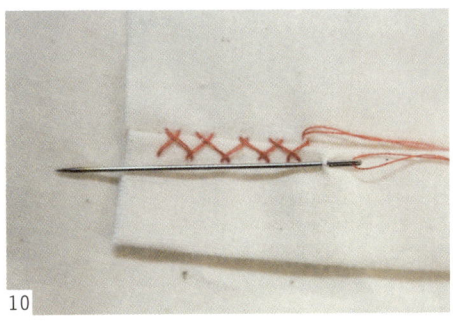

7 **공그르기** 창구멍을 막아야 하는 경우에 주로 사용하는 바느질로 벌어진 자리의 봉제선이 보이지 않도록 바느질해야 한다.

8 **감침질** 천의 밑단 처리를 위한 바느질로, 바지나 치맛단, 소맷단을 마감할 때 사용한다.

9 **시침질** 본 바느질을 하기 전에 임시로 꿰매는 방법이다. 바느질할 때 천이 밀리는 것을 방지할 수 있으며 이 박음선을 따라 본 바느질을 한다.

10 **새발뜨기** 두꺼운 옷감의 시접을 처리할 때 활용하는 기법으로, 겉면의 모양은 공그르기와 같지만 안감은 'ㅅ' 자 모양으로 어슷하게 바느질한다.

03
봉제 기법

바이어스

약 45도 각도의 비스듬한 사선으로 천을 얇고 길게 재단하여 직물의 시접 부분을 감싸 박아주는 봉제 기법을 말한다. 직물의 시접 올이 풀리지 않게 함과 동시에 가방의 견고함을 더해준다. 에코백의 안감과 보색 바이어스로 디테일이 예쁜 가방도 도전해 보자.

1

2

3

> **TIP**
>
> **바이어스 박기**
>
> 바이어스할 띠를 다림질할 때는 접는 부분을 7mm, 8mm로 두께를 달리한다. 8mm를 뒤로 하여 박으면 깔끔하게 마무리할 수 있다. 또한 원단의 두께를 고려해 바이어스 중간에 1mm 정도의 여유를 두면 바이어스를 꺾어 봉제할 시 더욱 유연하게 박음질이 가능하다. 바이어스의 끝은 안으로 접어 박아 올이 풀리지 않도록 한다.
>
>

통솔박기

안쪽 시접을 처리하기 위한 바느질로 천을 안쪽끼리 맞대어 한 번 박음질하고 다시 뒤집어 겉면끼리 닿게 해 박음질한다. 시접 부분이 외관상 보이지 않아 깔끔하다.

말아박기

시접분을 0.4cm로 한 번 접은 후 다시 0.5cm 정도로 말아 접은 후 끝에서 1mm를 들여 안쪽으로 박음질하는 봉제 기법으로 시접 올이 풀리지 않으면서 가방의 마무리를 견고하게 할 수 있는 장점이 있다.

어울리는 에코백 발견하기

가방을 통해
고유의 감성코드를 발견하다.

기본형	토트백
호보백	
플라스틱백	클러치

01

스타일 선택하기

아 침 의 발 걸 음
기본형

에코백은 휴식을 즐길 줄 아는 사람들을 위한 미니멀 라이프 스타일 아이템이다. 바쁜 출근길, 커피 한 잔의 여유를 가질 수 있는 사람들을 위한 기본 에코백은 심플하고 간단하게 만들 수 있어 누구라도 도전 가능한 디자인. 기본 에코백 만들기에 익숙해진다면 디자인에 부자재 및 다양한 기법을 추가해 새로운 콘셉트로의 변형도 용이하다. 흔히 얇은 소재의 리넨, 광목 혹은 20수 정도의 면 소재 패브릭으로 만들어 실용성과 가벼움을 유지한다.

오 후 의 모 임
토트백

소소하게 시작한 평일 오후, 길을 걷다 우연히 만나게 된 친구는 평범했던 일상에 활력을 불어넣는다. 반가운 안부인사를 건네고 일상의 고단함을 나누며 함께 걷는 길은 그 어떤 날보다 햇살이 밝고 바람이 상쾌하다.
'쇼퍼백'이라고도 불리는 박시한 형태의 이 에코백은 짧은 손잡이와 많은 물건이 들어가는 대용량의 가방 폭이 특징이다. 항상 많은 물건을 들고 이리저리 뛰어다니는 디자이너들의 필수품이기도 하다. 쇼핑용, 여행용 또는 주말 나들이용으로도 안성맞춤이다.

공원에서의 짧은 휴식
호보백

문득 친구에게 전화를 걸어 가까운 공원으로 부른다. 고루한 미사여구가 필요 없는 친구에게는 단 한마디면 충분하다.
"우리, 잠깐 볼래?"
부드러운 곡선 외관과 어깨로 이어지는 가방끈이 특징이며 다양한 형태의 여성용 가방으로 응용되는 디자인이다. 어떤 의상에도 잘 어울리고, 착용감이 편안해 언제나 인기다.

편안함에 대한 철학
플라스틱백

편안함이란 모름지기 질리지 말아야 하며, 자연스러운 동시에, 예술적이어야 한다. 또한 화려하지는 않아도 조용한 감성이 내 시선을 자극해야 한다. 그래야 비로소 편안함이 '발견'된다. 어깨 끈에서부터 흐르는 듯한 느낌으로, 모아 멨을 때 자연스러운 연출이 멋스럽다. 비닐봉지의 형태를 그대로 재현한 디자인으로 주로 가볍고 얇은 소재로 만들어 다양하고 많은 상품을 담기에 적합하다. 폭도 넉넉하고, 작게 접어서 휴대하기 좋다. 다양한 컬러와 소재를 사용해 때와 장소에 구애받지 말고 실용적으로 연출해보자.

친구와의 소중한 저녁 식사
클러치

해가 갈수록 아주 소소한 모임도 매우 소중하다는 것을 깨닫게 된다. 가까운 친구들과의 오랜만의 만남이 너무나도 반가운 그날의 저녁에서 알 수 없는 포근함이 스며든다.
작고 가벼우며 스타일리시해 의상에 포인트 코디를 하기에 적합한 클러치는 작은 소지품만 들고 외출할 때 특히 좋다. 컬러가 화려한 안감을 덧대 반전 있는 디자인을 만들거나, 겉감에 천연가죽 등을 사용하면 보다 견고한 디자인이 가능하다.

02
컬러 매치하기

캐주얼

보색 대비로 자유분방하고 개성 있는 디테일을 연출하는 것도 재미있다. 보색 대비는 각 색의 채도를 더욱 돋보이게 함으로써 색의 잔상을 활용하여 디자인을 감각적으로 보이게 한다. 서로 대비되는 원색의 매치, 혹은 난색과 한색의 대비 등의 과감한 선택으로 시각적으로도 개성 있는 패션의 확장이 가능하다.

파란색의 보색 코디
파란색과 오렌지색은 화려하면서도 상큼하다.
파란색과 웜톤 회색은 파랑을 돋보이게 하면서 동시에 차분한 인상을 준다.

주황색의 보색 코디
주황색과 쿨톤 계열의 매치는 주황색을 더욱 돋보이게 하면서 귀여운 센스를 보여줄 수 있다.

보라색의 보색 코디
보라색과 노란색은 전형적인 보색 대비로 생기발랄한 개성을 보여준다.

빨간색의 보색 코디
빨간색과 초록색은 크리스마스 컬러라고도 하며 따뜻하면서도 강력한 인상을 남긴다.

모던

모노톤의 컬러 배색은 한 가지 계열로 통일해 부드럽고 편안한 색의 매치다. 에코백 디자인에서 이런 모노톤의 듀오 컬러로 배색하면 쉽고 간단하게 감각적인 가방을 만들 수 있다.

포인트 컬러

개인의 취향이 다르므로 색상의 매치를 정형화하기는 어렵다. 다만 선호하는 색상과 적절하게 어울리는 포인트 컬러들의 예시를 참고해 커스텀 메이드 에코백에 각자의 개성을 표현해 보자.

03
원단 고르기

1 **면** 가볍고 내구성이 뛰어나며 흡수성, 흡습성이 좋아 에코백에 많이 쓰인다. 단, 구김이 잘 가고 형태 안정성이 부족한 결점이 있어 폴리에스테르와 혼방하여 사용하기도 한다. 가방 이외에 주로 이불, 잠옷, 티셔츠, 유아 옷 및 각종 인테리어 소품 등으로 쓰인다.

2 **광목** 통상적으로 시제품을 만들기 전, 샘플링하기에 좋은 원단이지만 에코백 만들기에는 여러모로 안성맞춤이다. 주로 30수 광목 원단이 사용되는데, 바느질 입문자도 손쉽게 연습할 수 있는 적당한 두께와 빳빳한 질감을 가지고 있다. 염색, 전사 등의 에코백 꾸미기에도 용이해 에코백을 디자인할 때에 다양하게 활용 가능하다. 광목으로 에코백을 만들 때는 작업에 앞서 한 번 세탁해주는 것이 좋다. 그래야 자연스러운 수축이 이루어져 실제 만들고자 하는 실물 사이즈와의 오차 범위를 줄일 수 있기 때문이다.

3 **리넨(마)** 짜임이 성글고 빳빳한 촉감이 특징으로 흡수성과 통기성이 좋아 여름에 주로 사용한다. 인테리어 소품용으로는 11수, 16수의 리넨 원단이 많이 쓰이며 전처리 워싱으로 리넨의 질감이나 색상을 변형한 원단도 다양하게 에코백에 활용된다. 유연성이 없어 구김이 많이 가는 것이 특징이며 흡수성, 통기성이 좋아 여름 의상에 주로 사용된다.

4 **폴리에스테르** 거의 모든 의류에 혼방되고 있을 정도로 인조 섬유 중 가장 많이 혼용된다. 탄성회복률이 크고 구김이 잘 생기지 않아 특히 면 소재의 단점을 보완하기 위해 함께 사용하는 경우가 많다. 내구성과 방수성이 뛰어나 겉옷 또는 스포츠웨어로 만들기도 하며, 생활방수가 가능한 에코백을 만들기에도 적합하다.

5 **퀼트(커트지)** 원단의 크기를 마 단위가 아닌 그림의 크기로 분류하는 것을 커트지라고 하며, 시즌용 이미지를 원단에 출력할 경우 사용한다. 예를 들면, 크리스마스 천이나 동물, 과일, 캐릭터 등이 있다. 패치워크 작업을 할 때 퀼트 원단을 사용하면 보다 재미있는 작업이 가능하다.

6 **캉캉지** 일정한 무늬의 요철이 있는 상태로 재직한 고급 원단이다. 주로 부드러운 촉감으로 재직되어 원피스, 블라우스, 커튼 등에 쓰이나 간혹 가방에 활용되기도 한다.

7 **시폰** 비단, 나일론으로 만들어진 실루엣이 비치는 얇은 원단이다. 블라우스나 스카프 등의 여성복에 주로 쓰이며, 가방에는 코사지 등의 포인트 액세서리를 만들어 활용할 수 있다.

8 **후로킹** 원단에 접착제를 발라 정전기를 발생시켜 원단 표면을 재가공한 특수원단이며, 커튼 혹은 인테리어 소품으로 주로 사용되고 와펜 등의 부자재에서도 활용된다.

9 **데님** 청바지 원단으로 면 섬유와 인조 섬유의 혼방으로 만들어져, 탄성과 견고성, 흡습성이 뛰어나다. 활동적인 느낌과 특유의 견고함으로 에코백을 만들기에 매우 좋으며, 리폼용 천으로 활용하기에도 좋다.

10 **노방** 얇은 비단 종류를 뜻하며 커튼, 원피스, 블라우스 각종 소품 등에 활용된다. 노방 등의 비단 종류는 고급 직물로 가방의 재질로 흔히 쓰이지는 않지만, 특유의 천연 빛깔과 부드러운 촉감으로 여성스러운 클러치 등을 제작할 때 활용하면 좋다.

11 **헤링본** 트위드 직물로 사선무늬가 특징이다. 주로 신사복에 쓰이는 헤링본 직물은 가을, 겨울 가방의 재질로도 자주 활용된다.

12 **메란지** 회색의 메란사로 짠 원단인 메란지는 특유의 울긋불긋한 컬러감이 있다. 탄성이 좋으며 실내복, 티셔츠나 스포츠웨어 등에 주로 활용된다.

13 **쟈가드** 실을 교차해 짠 원단으로 실올의 두께만큼 원단의 두께가 생성된다. 자수 느낌이 강하여 고급 커튼이나 테이블 덮개, 쿠션 등의 인테리어 소품으로 주로 쓰인다. 실올풀림의 형질이 있어 원단 커팅 시 유의해야 한다.

14 **기모** 원단을 2차 가공하여 짧은 털이 나 있는 원단이다. 보온성이 뛰어나 겨울철 의류에 많이 사용된다.

15 **테리** 파일직물의 일종으로 둥근 실올이 미시적으로 보이는 것이 특징이다. 주로 타월지에 많이 쓰이며 손수건, 러그, 매트 등에 활용된다. 실올의 표면적 영향으로 흡수성이 뛰어나다.

16 **무지** 무지는 무늬가 없는 원단을 총칭하는 단어로 다양한 재질에서 사용된다.

17 **스웨이드** 새끼 양이나 새끼 소의 가죽을 보풀린 원단을 뜻한다. 부드러운 가죽 느낌으로 다양한 곳에서 활용이 가능하며 가방이나 신발, 재킷 등의 패션제품이나 인테리어 소품으로 활용이 가능하다.

재료 사기 좋은 곳들

동대문 원단시장은 원단 공부를 하기에 더없이 좋은 장소다. 층마다 다루는 원단의 종류가 상이하니 필요한 원단의 종류를 미리 알아보고 발걸음을 옮기는 것이 시간을 절약하는 좋은 방법이다.

원단 구입

면
코튼하우스: 서울 종로구 종로6가 동대문종합시장 A동 3층 3071호 TEL. 02-2264-6466

광목
대림직물: 서울 종로구 종로6가 동대문종합상가 B동 1562-3 TEL. 02-2268-1943

리넨
가야TEX: 서울 종로구 종로6가 동대문종합시장 C동 3층 3279호 TEL. 02-2285-3029
성화TEX: 서울 종로구 종로6가 동대문종합시장 C동 4층 4043호 TEL. 02-2274-5578

폴리에스테르
와이케이: 서울 종로구 종로6가 동대문종합시장 C동 5층 5096호 TEL. 02-764-7531

퀼트
퀼트원단: 서울 종로구 종로6가 동대문종합시장 B동 5093호 TEL. 02-2263-5412

캉캉지
엣지텍스타일: 서울 종로구 종로6가 동대문종합시장 C동 2103-1호 TEL. 02-2264-8790

시폰
SUNTEX: 서울 종로구 종로6가 동대문종합시장 C동 4층 4086호 TEL. 02-2268-0953

후로킹
대아상사: 서울 종로구 종로6가 동대문종합시장 B동 4144호 TEL. 02-2272-1259

데님
데님코리아: 서울 종로구 종로6가 동대문종합시장 A동 3층 3012호 TEL. 02-2264-6305

노방
경응TEX: 서울 종로구 종로6가 동대문종합시장 A동 2157호 TEL. 02-2265-3397

헤링본
한섬: 서울 종로구 종로6가 289-3 동대문종합시장 A동 2224호 TEL. 02-2265-2231

쟈가드
정우tex: 서울 종로구 종로6가 289-3 동대문종합시장 A동 2144호 TEL. 02-2263-1800

기모
그린섬유: 서울 종로구 종로6가 289-3 동대문종합시장 D동 3층 248호 TEL. 02-2263-9093

테리
동현직물: 서울 종로구 종로6가 289-3 동대문종합시장 D동 2593호 TEL. 02-2279-8756

무지
대풍직물: 서울 종로구 종로6가 289-3 동대문종합시장 A동 3064호 TEL. 02-2266-9449

부자재 구입

윤한금속: 가방 부자재 및 액세서리 제조 및 도소매 업체. 서울 종로구 종로6가 262-1 동대문 종합시장 D동 1층 1690호 TEL. 02-2277-1558

고은토탈: 지퍼 전문 업체. 서울특별시 종로구 종로6가 289-3 동대문종합시장 D동 1층 1625호 TEL. 02-2277-5400

패치매니아: 패션 아이템과 의류 등 다양한 제품의 리폼을 제안하는 와펜 전문점 www.patchmania.co.kr TEL. 070-4632-5643

성원장식: 가방장식, 벨트 및 의류장식을 전문으로 하는 금속 부자재 생산업체 www.ejangsic.com TEL. 02-2235-2712

PART 1

기본적인 에코백

오리지널이 주는 편안함은
그 무엇으로도 대신할 수 없다.

진심을 담고 있는 단순함에서 시작해
단단해지면 얼마든지 새로운 것에 도전할 수 있다.

Feel Breathing
Picnic in the City
Romantic Movement
Grocery Getaway
Safe Sunday
Sealed with Pleasure
Inside Out

Feel Breathing

기본 에코백

84page

가볍게 산책하기 좋은 날,
책 한 권을 넣은 에코백을 들고 햇살이 내리쬐는
거리를 걸으면 어떨까.
산들바람을 맞으며 가벼이 든 에코백 안에서 책 한 권을 꺼내 일상의 휴식 같은 독서를 해도 좋겠다. 처음 가방을 만드는 사람들을 위한 기본 에코백. 기본 에코백에 익숙해지면 다양한 방법으로 응용해 새로운 디자인의 가방에도 도전할 수 있다. 흔히 얇은 소재의 리넨, 광목 또는 도톰한 옥스퍼드 재질의 패브릭으로 만들어 실용성과 가벼움을 유지한다.

Picnic in the City

에코 토트백

88page

도심 속으로 가벼운 피크닉을 떠난다면
넉넉한 사이즈의 에코 토트백이 적격이다.
10수 미만의 두꺼운 캔버스 소재도 좋고, 가지고 있는 에코백의 밑단만 튼튼한 가죽으로 리폼하여 새로운 토트 디자인을 완성해도 좋다. 박시한 형태와 짧은 손잡이, 뭐든 다 들어가는 빅사이즈가 특징인 토트백은 위켄더백으로 안성맞춤이다.

Romantic Movement

에코 호보백

<u>92page</u>

상쾌한 바람이
온몸을 감싸는 토요일 오후,
하늘거리는 리넨 원피스에 에코 호보백을 메고
약속장소로 향하는 발걸음이 가볍다.
부드러운 곡선의 어깨 끈이 특징인 호보백은 자연스러운 여성미를 보여준다. 그래서인지 다양한 여성용 가방 디자인에 자주 응용된다. 편안한 어깨 곡선 덕에 착용감도 우수해 어깨에 무리를 주지 않으면서 가방의 곡선은 그대로 유지되는 특징이 있다. 단, 디자인할 때 어깨 부분에 많은 디테일은 삼가는 것이 좋다. 어깨 부분이 가볍고 얇아야 착용이 편하고 흘러내리지 않는다.

 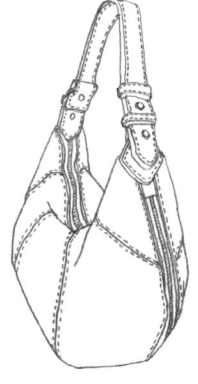

[다양한 호보백 디자인]

Grocery Getaway

에코 플라스틱백

96page

하루를 마감하며
시장에 들른 오후,
에코 플라스틱백에 담아가는 음식들이
왠지 오늘 하루를 뿌듯하게 한다.

비닐봉지를 그대로 재현한 에코 플라스틱백은 넉넉한 폭이 특징이다. 친구에게, 준비물이 많아 손이 부족한 동생에게 또는 회사의 친절한 직장동료에게도 특별한 선물이 될 귀엽고 컬러풀한 에코 플라스틱백으로 고마운 지인의 짐을 덜어주는 작은 센스를 발휘해보자.

Safe Sunday

에코 클러치
100page

가까운 친구들과의 브런치 약속,
가벼운 옷차림에 클러치를 들면 어떨까.
지갑보다는 크지만 가방보다는 작은 사이즈의 클러치는 세련된 패션 아이템으로 언제나 각광받는다. 만드는 방법은 컬러나 크기에 구애받지 않으니 직접 제작하는 나만의 클러치로 새롭게 기분전환을 해보자.

[다양한 클러치백 디자인]

Sealed with Pleasure

지퍼가 있는 에코백

104page

기본 에코백에 지퍼를 달면
가방 속 내용물을 안전하게 보관할 수 있음과 동시에
색다른 스타일이 완성된다.
이동성에 안전성까지 겸비한 에코백으로 북적이는 도심에서도 편안하게 들고 다닐 수 있다. 지퍼 색깔에 포인트를 줘서 디자인해보는 것도 재미있다.

Inside Out

양면 에코백

108page

반전 컬러가 매력적인 양면 에코백을
느낌 있는 커플룩으로 매치해
주위 사람들로부터 질투의 시선을 느껴보자.

각 면에 다른 느낌과 색상의 원단을 사용해 양면 에코백을 만들면 하나의 가방으로 두 가지 느낌을 낼 수 있어 실용성이 배가 된다. 단색 원단에서 각기 다른 컬러를 매치해보는 것도 좋고, 화려하게 프린팅된 원단을 활용해 이국적인 느낌을 줄 수도 있다.

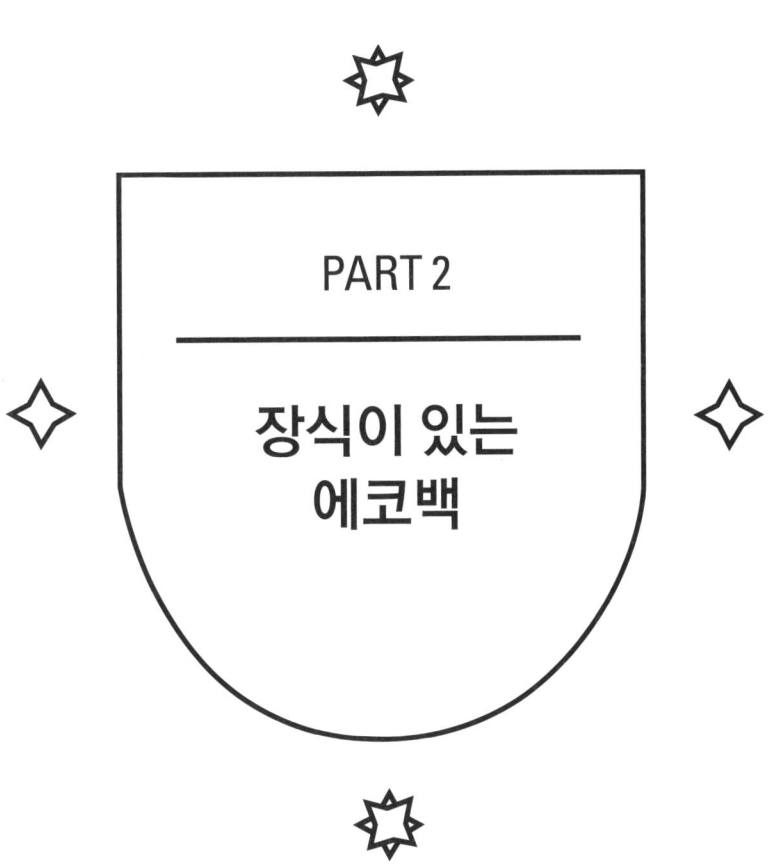

PART 2

장식이 있는
에코백

조금만 신경 쓰면
새로워질 수 있는 것들이 세상에 많다.

세심한 손길로 정성 들여 가꿔진 것은
무엇이든 그 정성이 빛을 발하게 된다.

Hand Stitches
Patchwork Denim
Brighten Your Wardrobe
Lovely Touch
San Francisco Dreams
Additional Touch

Hand Stitches

스티치 에코백

112page

깔끔하지만 때로는 밋밋해 보일 수 있는 에코백에 장식을 해보면 어떨까?
손 느낌이 나는 나만의 스티치로 유니크함을 더하자.
가방에 따라 넣고 싶은 문구, 혹은 원하는 패턴을 그려 한 땀 한 땀 수를 놓으면 핸드메이드의 자연스러운 멋을 느낄 수 있다. 에코백 한쪽에 이런 스티치를 포인트로 주면 디자인이 집중되는 효과가 있다.

Sale Forever
monday
morning
I Should be doing too

Patchwork Denim

패치워크 에코백

116page

패치워크는 여러 색상이나 재질의 자투리 천을
서로 봉합하여 새로운 디자인의
원단을 만드는 것을 뜻한다.
어느 집에나 옷장 구석에 한두 벌씩 있을 유행 지난 청바지를 패치워크에 활용해보면 어떨까? 청바지는 다양한 컬러와 워싱 처리가 되어 있어 부분을 잘 사용하면 나만의 멋진 작품을 만들 수 있다. 데님 대신 다양한 자투리 천으로 패치워크를 하면 컬러풀한 느낌이 더해진다.

[다양한 패치워크 매치]

Brighten Your Wardrobe
금속 장식 클러치

118page

에 코 백 은 수 수 하 다 ?
꼭 그 렇 지 만 은 않 다 .
다양한 부자재를 이용하면 나만의 화려하고, 빛나는 에코백을 만들 수 있다. 비즈, 와펜, 스터드, 금속체인, 금속고리 등의 부자재를 사용해 독특한 리폼 디자인을 만들어보자. 금속상가에서 원하는 소품들을 구매하는 것도 좋지만 가지고 있는 물건이나 입지 않는 옷에 있는 금속 부자재를 활용하면, 발품을 파는 시간과 재료비를 절감할 수 있다.

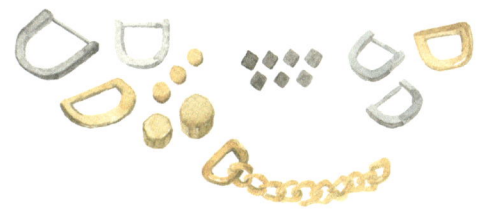

Lovely Touch
부토니에 장식 에코백

122page

남은 자투리 천을 활용해 포인트를 주면
나만의 독특한 에코백을 만들 수 있다.
브로치 또는 부토니에 디자인을 응용해
가방의 액세서리를 만들어보자.
탈부착이 가능하도록 만들면 의상 코디에 맞춰 바꿔 달 수도 있다.
크고 작은 배지가 여러 개 있다면 가방에 부착해 스트리트 감각의
색다른 연출도 가능하다.

San Francisco Dreams

데님 리폼 에코백

124page

예술적 낭만이 살아 있는 샌프란시스코는
창조적인 사람들이 영감을 얻는 꿈의 도시다.
천연색의 청량감이 가득한 바다를 옮긴 듯한 데님을 활용해 사계절용 에코백을 만들어보자.
데님은 질기고 튼튼해 리폼하기에 매우 좋은 원단이다. 다양한 데님 색감을 배합하면 재미있
는 디자인의 에코백을 만들 수 있다.

TIP 청바지 활용

- 소금과 함께 청바지를 물세탁하면 청 고유의 색상을 오래 유지 보존할 수 있다.
- 밑단 줄인 청바지 자투리도 모으면 가방을 만들기에 충분한 원단이 된다.

Additional Touch

티셔츠 리폼 에코백

126page

입지 않는 목 늘어난
티셔츠로도 에코백을 만들 수 있다!
티셔츠를 원단 삼아 에코백 제작에 응용해보자. 티셔츠의 문구나 그림을 에코백에 패치워크하여 색다른 리폼을 해볼 수 있다. 티셔츠에 있는 재미있는 문구나 마음에 드는 그림을 리폼에 활용하여 간단하지만 재미있는 가방을 연출해보자.

PART 3

특별한 용도의 에코백

어떤 물건이든 더 욱 가 치 있 게
만들어주는 것은 그 쓰임새다.

아름답고 화려한 것도 좋지만
쓸 모 있 는 물 건 은 오래도록 곁에 두게 된다.

Delicious Imagination
Walking Around
Portable Office
Cosmetic Color
Campingholic
Getaway Style
Reborn Process

Delicious Imagination

미니 에코백

<u>132page</u>

오늘은 피크닉 가는 날!
설레는 마음으로 준비한 도시락을
미니 에코백에 담아 집을 나선다.
푸른 잔디 위에 간단하게 펼쳐놓고 즐기는 연인과의 여유로운 시간. 리넨이나 면 등 세탁이 용이한 천으로 만들어진 에코백이라면 도시락 가방으로 쓰기에 좋다. 접으면 미니 토트백, 펼치면 제법 많은 물건을 넣을 수 있는 토트백으로 변하는 것도 신선하고 실용적이다.

Walking Around

강아지 산책백

136page

사 랑 스 러 운   강 아 지 와 의
가 벼 운   산 책 길 에   배 변 처 리 용   키 트 는   필 수 !
그 외에 비닐팩과 간단한 간식도 넣을 수 있는 강아지 산책백을 만들어보자. 방수 원단을
사용해 만들면 야외 활동에도 문제없다. 가방의 양쪽에 고리를 달아 리드줄을 연결할 수 있는
기능을 더하면 더욱 좋다.

Portable Office

노트북&태블릿PC 파우치

140page

바쁜 현대인들의 필수품인
노트북과 태블릿PC를
안전하게 휴대하기 위한 파우치를 에코백으로 만들어보자.
디지털기기용 파우치는 충격 완화와 제품 보호를 위해 적당한 쿠션 감과 보들거리는 감촉의 후로킹 원단이나 얇은 스폰지를 원단 사이에 겹으로 넣는 것이 중요하다. 제품의 무게를 고려해 가볍되 완충 재질로 그 기능을 더한다면 훌륭한 소품이 된다.

Cosmetic Color

한 손 크기 파우치

144page

용도에 맞게 클러치 크기에 다양한 변화를 주자.
같은 디자인의 클러치도 한 손 크기로 작게 제작하면
아담한 파우치가 된다.
세트로 제작하여 각종 소품 주머니로 활용해도 좋다. 사은행사 시 받은 화장품 파우치가 있다면 재봉을 뜯어서 새로운 디자인을 연구해보는 것도 좋은 방법이다. 흔히 방수코팅 처리가 된 원단이 사용하기에 좋으며, 여름용으로 고안된 투명 PVC 소재는 방수성이 매우 뛰어나므로 여행용 에센셜 키트 파우치로도 좋다.

[또 다른 디자인의 파우치]

Campingholic

레저용 토트백

148page

복잡한 도심의 일상에서 벗어나
캠핑 계획을 세워보자.
간단한 준비물을 레저용 토트백에 담아 소중한 사람들과 함께 떠나면 좋은 추억이 될 것이다. 설렘 가득한 하룻밤의 캠핑은 지친 몸과 마음에 새로운 활력을 불어넣는다.

Getaway Style

위켄더백
152page

새로운 기회와 재충전을 위해 여행을 계획한다면
대형 위켄더백이 제격이다.
기내에서의 체온 유지를 위한 따뜻한 카디건과, 소소한 여행의 즐거움을 기록해줄 카메라,
수첩을 가방에 넣고, 이동할 때의 그 설렘을 어떻게 표현할 수 있을까.
편안하고 캐주얼한 청바지 코디에 위켄더백으로 기능성과 스타일을 동시에 연출해보자.

Reborn Process

에코백 리폼 소품

<u>156page</u>

오래되거나 혹은
너무 단순해서 쓰지 않고 있었던 에코백이 있다면
유용한 소품으로 리폼해보자.
단순한 소재의 변형을 넘어 다양한 컬러의 매치도 소품을 보다 개성 있게 만들 수 있다. 에코백의 천에 부자재로 디자인을 더해 코스터나 컵 홀더 등을 만들어 새로운 기분을 내는 것도 좋다.

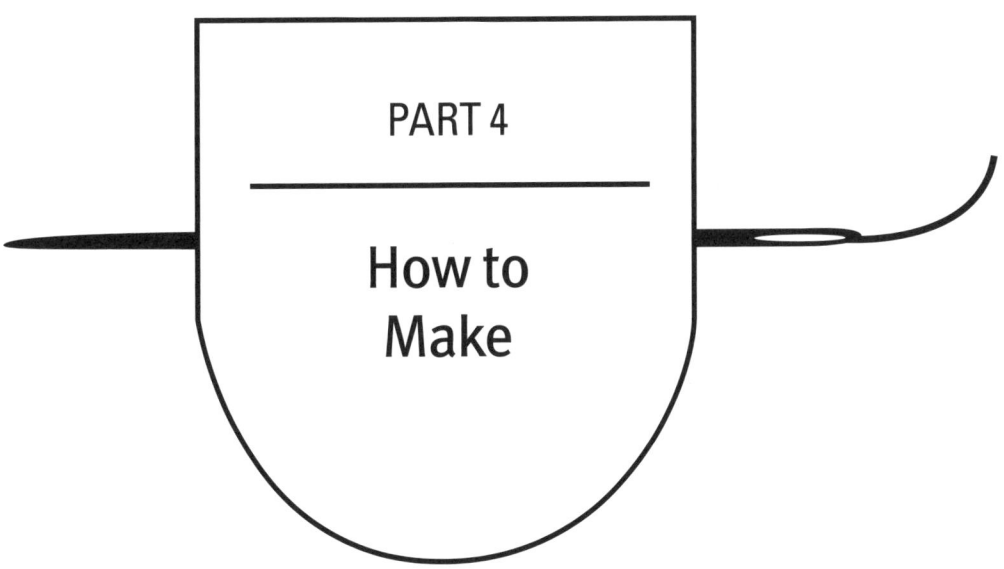

PART 4

How to Make

손 때 묻은 물건들에 는
이상하게 애착이 생겨 버리지 못하는 경우가 많다.

자 르 고 ,
꿰 매 고 ,
삐 뚤 빼 뚤 하 기 도   하 지 만
서툴러서 더욱 소중한 것들이 그렇다.

기본
에코백

32page

READY

↑ 식서 방향

· 본체, 손잡이, 주머니 용 : 면 140 x 90cm

44cm	본체 46cm
44cm	본체
6cm	끈 68cm
6cm	끈
22cm	주머니 28cm

1cm

0.5cm 0.5cm

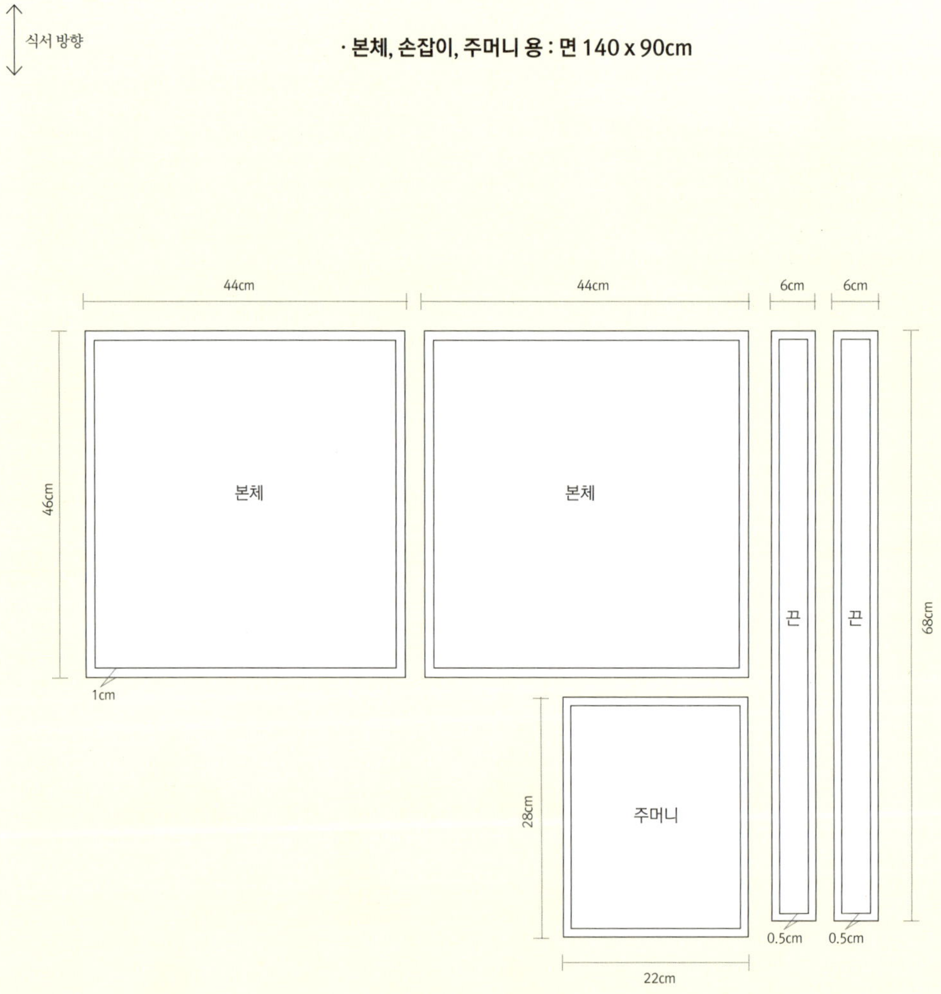

MAKE

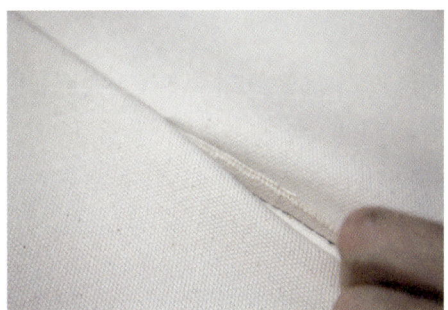

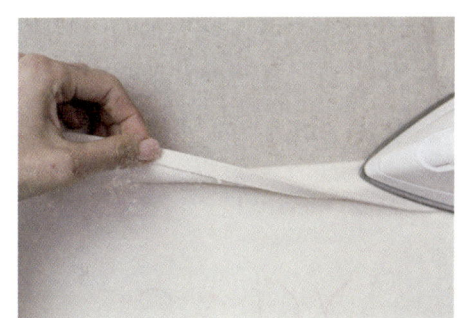

1	2
3	4

1 본체 2장, 손잡이 2장, 주머니 본을 그린 후 재단하여 마름질한다.
2 본체의 겉면을 서로 맞대 포개놓고 입구를 제외한 세 면을 박음질한 후 뒤집는다.
3 뒤집은 후 시접이 가려지도록 통솔박기로 본체의 양 옆면과 밑면을 다시 박는다.
4 본체의 상단 두 면의 시접을 다림질하여 마름질한다.

| 5 | 6 |

5 손잡이 끈을 다림질한 후 박음질한다.
6 주머니 본을 정면을 바라보게 한 후 하단의 한 면을 두 번 말아 박아 시접을 정리한다.

 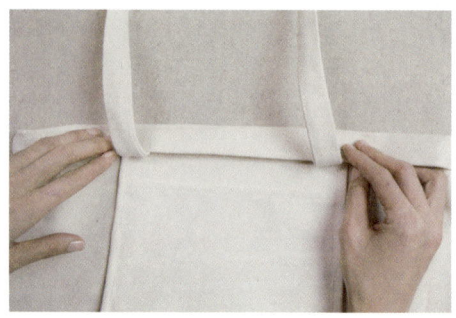

| 7 |
| 8 |

7 주머니를 서로 맞대어 접고 양 옆의 두 면을 각각 두 번 말아 박아 시접을 정리한다.
8 본체와 어깨 끈의 위치를 고정하고, 본체와 어깨 끈 사이에 주머니의 위치를 잡아 시침핀으로 고정한다.

9 가방 본체의 입구를 따라 박음질한다. 끈과 본체가 튼튼히 재봉되었는지 확인하는 것이 중요하다.

10 가방의 바닥 양쪽 모서리를 8cm 정도 들여 잡고 가방 옆면과 수직을 확인한 후 세모꼴로 박아준다.

11 가방을 뒤집으면 완성. 완성된 에코백 모양의 디테일이 맞는지 확인한다.

TIP

어깨 끈 대용으로 면 테이프를 활용하는 것도 좋다.

가방버클을 사용해 어깨 끈을 만들면 투웨이로 착용할 수 있다.

에코 토트백

34page

READY

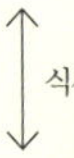

- 본체, 바닥, 어깨 끈 용: 면 140 x 100cm
- 바이어스용: 면 250cm(길이)

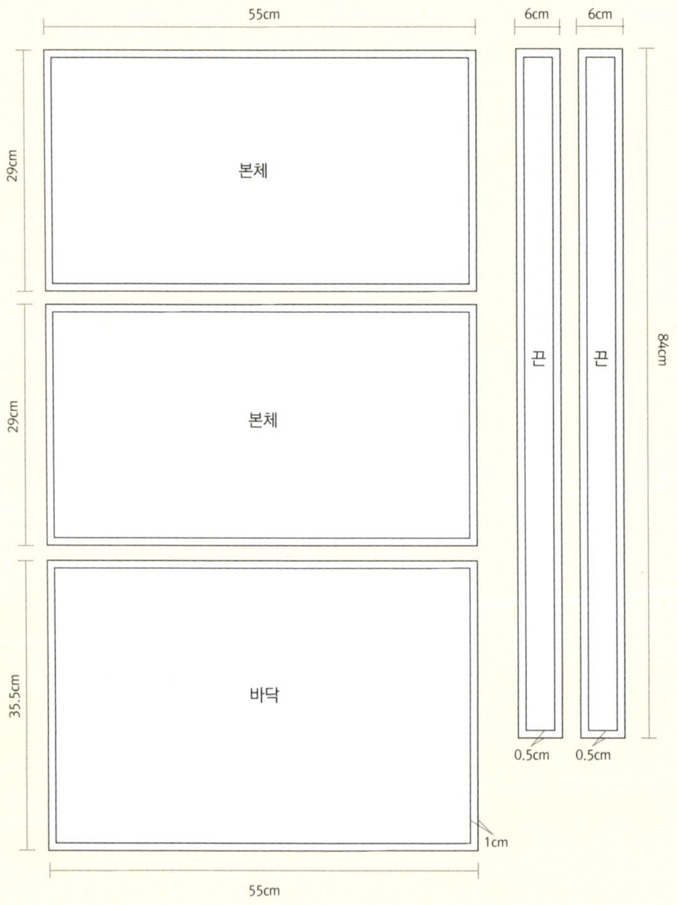

식서 방향

본체	55cm x 29cm
본체	55cm x 29cm
바닥	55cm x 35.5cm

끈: 6cm x 84cm (×2)
시접: 0.5cm / 1cm

MAKE

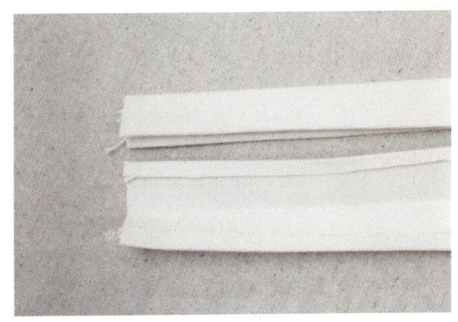

1
2	3

1 본체 2장, 바닥 1장, 끈 2장 본을 그린 후 재단한 뒤 마름질한다.
2 손잡이 끈을 다림질하여 각을 잡는다.
3 손잡이 본 2장을 모두 시접을 접어 다림질해 재봉 전의 준비상태로 만든다.

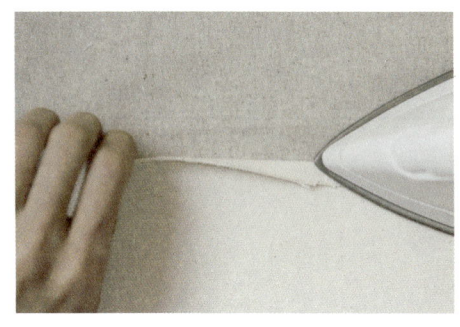

| 4 | 4 본체 2장의 입구 부분을 다리미로 각을 잡아 시접을 접는다.

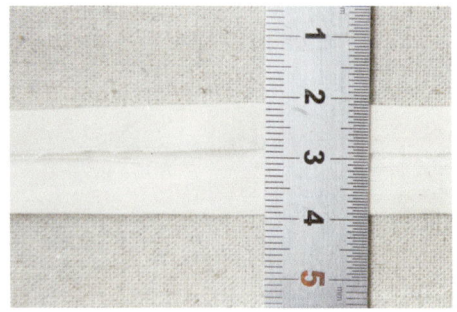

| 5 | 6 |
| 7 | 8 |

5 본체와 끈을 시침핀으로 고정한 후 같이 박음질한다.
6 본체와 바닥을 연결한다.
7 가방의 모든 시접분을 바이어스 재봉 처리하여 올이 풀리지 않도록 정리한다.
8 바이어스 테이프를 만들 때는 중심을 기점으로 양쪽 너비를 1mm가량 달리하여 마름질한다.

9 봉제 시 바이어스의 너비를 감안해 재봉 선이 안전하게 안쪽으로 들여 박힐 수 있도록 한다.
10 에코백 천의 두께에 따라 바이어스 테이프의 중심선을 맞춰야 틀어짐 없이 재봉된다.
11 가방의 바닥 쪽 모서리를 세모꼴로 접어 박아 가방 폭을 만들어주면 완성된다.

> **TIP**
>
> **바이어스 테이프 만들기**
>
> 헌 와이셔츠로 바이어스 테이프를 만들 수 있다. 사이즈가 넉넉한 헌 와이셔츠를 45도 각도의 사선으로 재단한 뒤 90도 각으로 서로 연결하면 바이어스 테이프가 완성된다. 넉넉한 길이로 미리 만들어놓으면 에코백을 만들 때 두루두루 편리하게 사용할 수 있다.

에코 호보백

36page

READY

식서 방향

· 본체용: 면 140 x 90cm

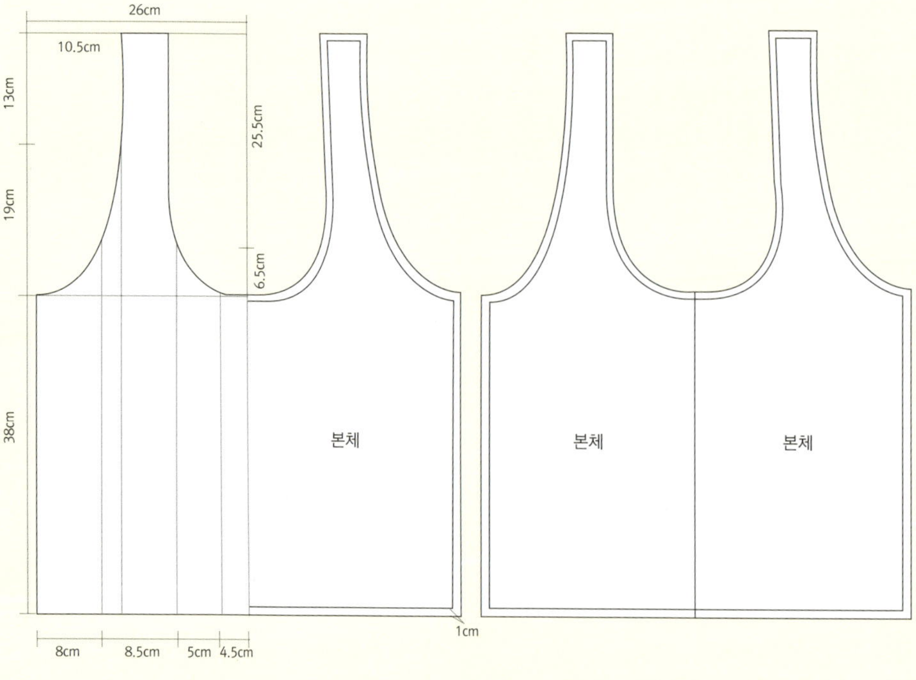

MAKE

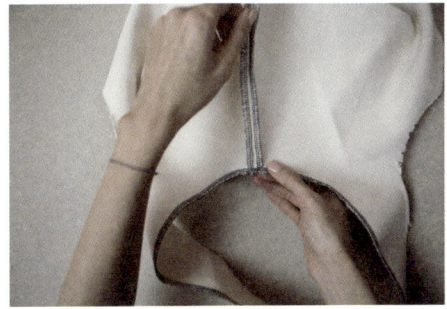

1	2
3	

1 본체를 도안대로 그린 뒤 재단 후 2장을 마름질한다.
2 마름질한 본체를 겉면끼리 마주 보도록 놓고 두 장의 바닥 면과 옆 면, 어깨 끈을 서로 연결한다. 연결된 본체의 시접 올이 풀리지 않게 오버로크로 시접 처리한다.
3 가방의 손잡이와 본체의 시접 부분을 가름솔로 다림질하여 말아박기를 준비한다.

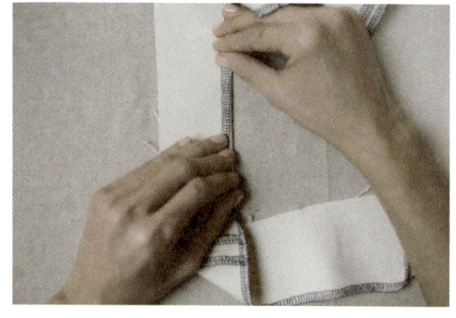

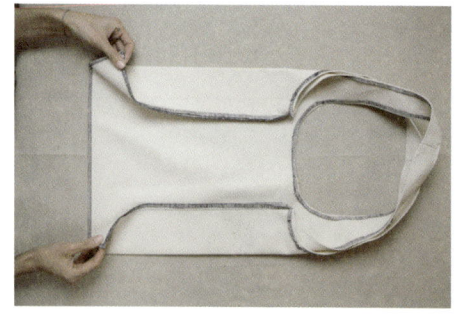

4 가방의 입구 쪽 부분을 0.4cm 접어 다림질한 후 다시 0.5cm로 접어 다림질로 반듯하게 자국을 낸다.
접은 부분의 0.1cm 정도의 안쪽에서 봉제해 입구의 시접 처리를 마무리한다.

5 가방의 양 옆을 8cm씩 들여 접고 다림질한다.

6 가방의 바닥 면 양 끝 모서리를 8cm씩 바닥선에 맞추어 봉제한다. 그리고 뒤집으면 완성된다.

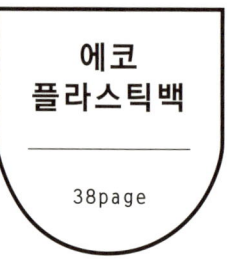

에코 플라스틱백

38page

READY

· 본체용: 면 140 x 90cm

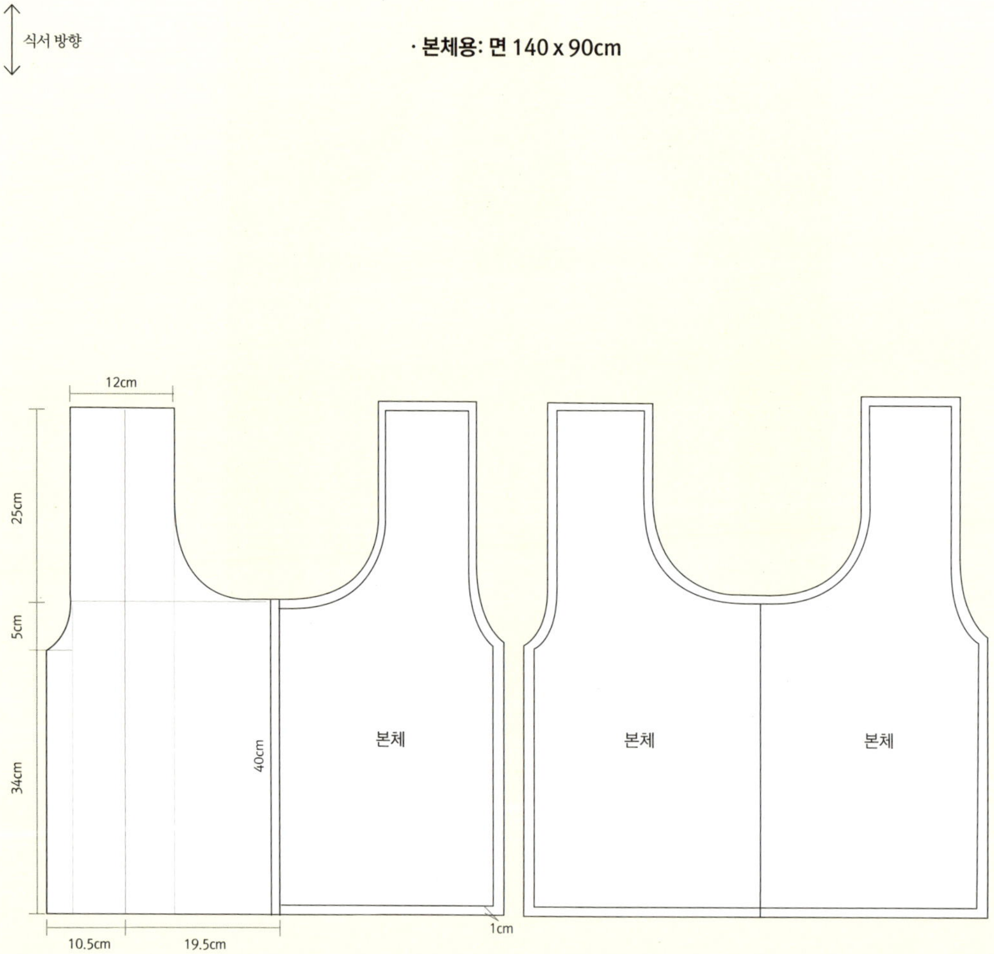

식서 방향
12cm
25cm
5cm
34cm
40cm
10.5cm
19.5cm
1cm
본체
본체
본체

MAKE

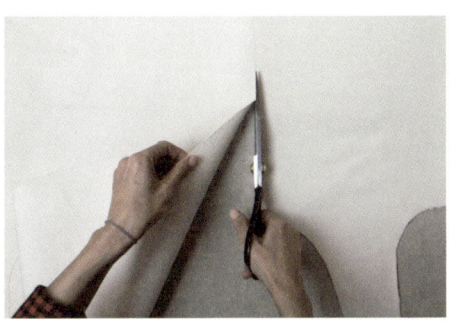

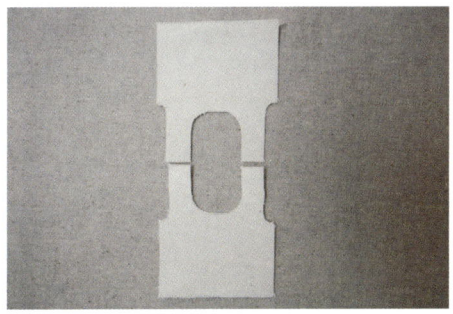
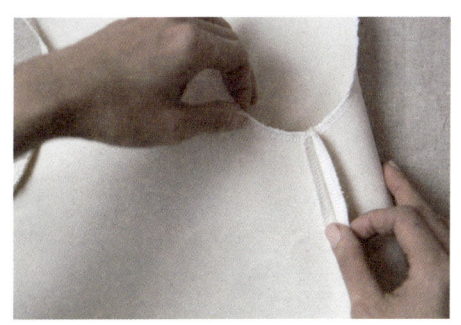

1	2
3	4

1 본체 2장을 도안대로 그린 후 재단해 마름질한다.
2 본체 2장을 겉면끼리 마주 보도록 놓고 두 장의 바닥 면, 옆 면을 연결한다.
3 본체의 어깨 끈 부분이 서로 상하 대칭이 되도록 박는다.
4 본체 2장의 양 옆과 바닥 면을 올이 풀리지 않게 오버로크로 시접을 처리한다.

5 어깨 끈 부분은 가름솔로 다림질한다.
6 가방의 입구 쪽 시접 부분을 0.4cm로 접어 다림질한 후 다시 0.5cm로 접어 다림질로 반듯하게 자국
   을 낸다.

7 접은 부분에서 0.1cm 정도 안쪽으로 내려온 자리를 봉제한다.
8 손잡이 외 입구 부분을 똑같은 방법으로 말아박아 시접을 정리한다.
9 가방의 바닥 양쪽 모서리에서 8cm씩 접고 바닥 부분만 봉제해 가방 폭을 만든다. 그리고 뒤집으면 완성된다.

에코 클러치

40page

READY

- 겉감용: 면(나일론, 가죽, 울 등 다양한 소재 가능) 140 x 70cm
- 지퍼 29cm

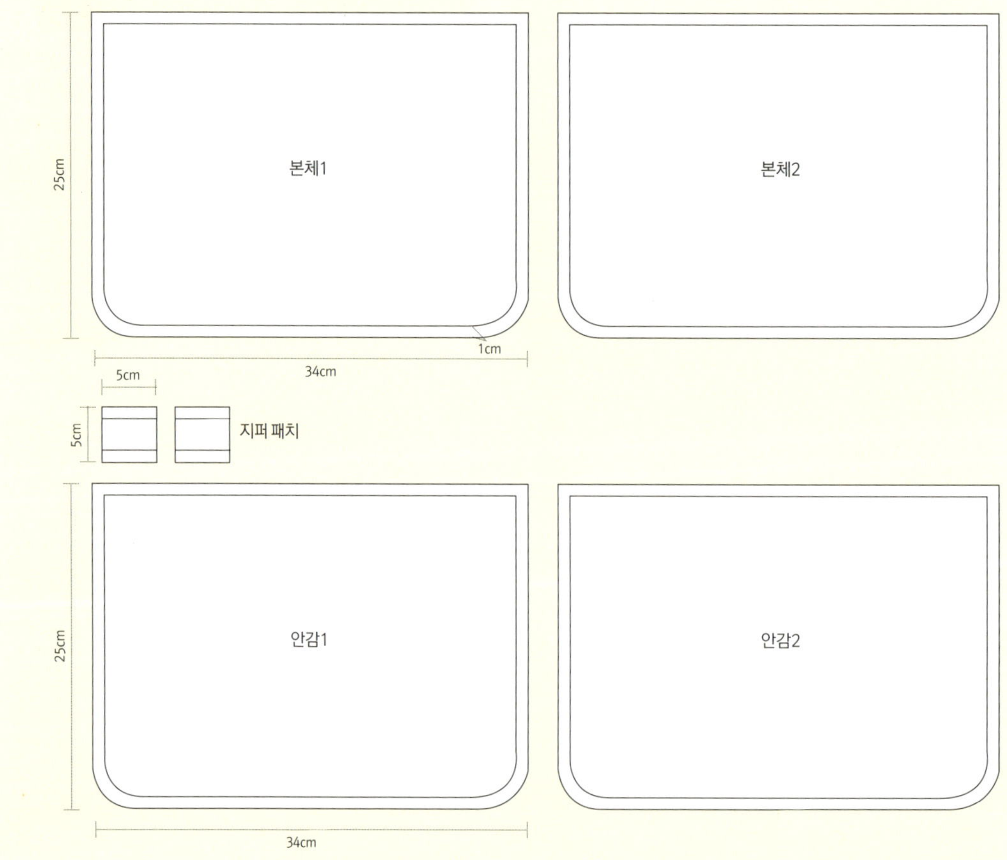

식서 방향

본체1 — 25cm x 34cm (모서리 1cm), 5cm

지퍼 패치 — 5cm x 5cm

본체2

안감1 — 25cm x 34cm

안감2

MAKE

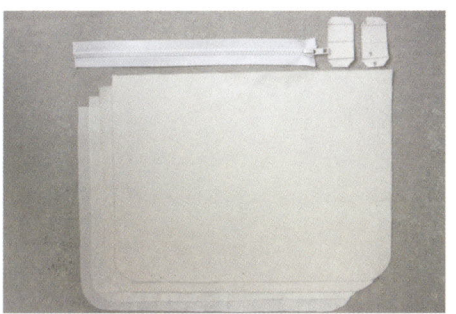

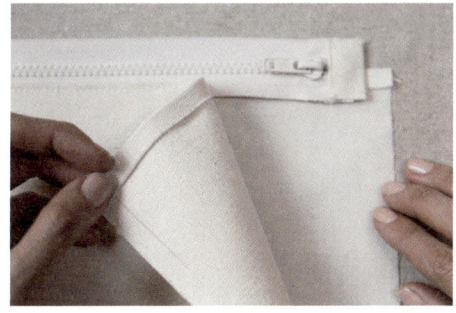

1	2
3	4

1. 도안대로 그린 뒤 재단한 후에 본체 2장과 지퍼 끝에 덧댈 패치 2장을 마름질한다.
2. 지퍼의 양 끝에 패치를 덧대고 봉제한다.
3. 본체 2장과 안감 2장의 입구 시접을 다림질로 각을 낸다.
4. 본체와 안감 사이에 지퍼를 넣고 박는다.

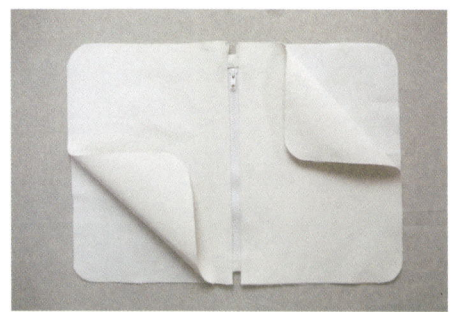

5 지퍼를 반 정도 열어놓고 본체1과 본체2의 모든 면을 서로 맞대 봉제한다.
6 안감1과 안감2의 창구멍을 제외한 두 면을 서로 맞대어 박는다.
7 안감의 창구멍으로 클러치를 뒤집는다.
8 창구멍을 박고 열어놓았던 지퍼로 클러치를 뒤집으면 완성된다.

TIP

지퍼 밑작업

지퍼의 양 끝에 덧댈 패치를 준비하고, 패치는 시접분을 접어 다림질한다. 지퍼 양 끝에 패치의 위치를 잡아 재봉하고, 그 후 패치는 지퍼의 너비에 맞춰 잘라 마무리한다.

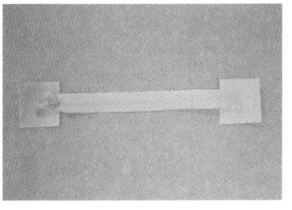 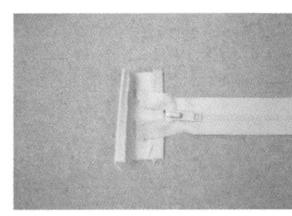 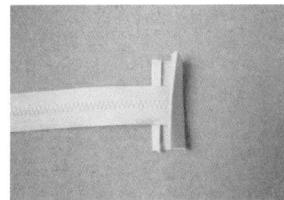

 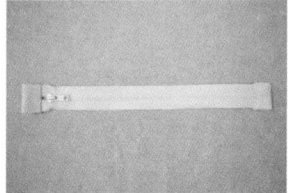

READY

- 본체용: 면(2장) 140 x 70cm, 140 x 60cm
- 지퍼(2개) 42cm, 15cm

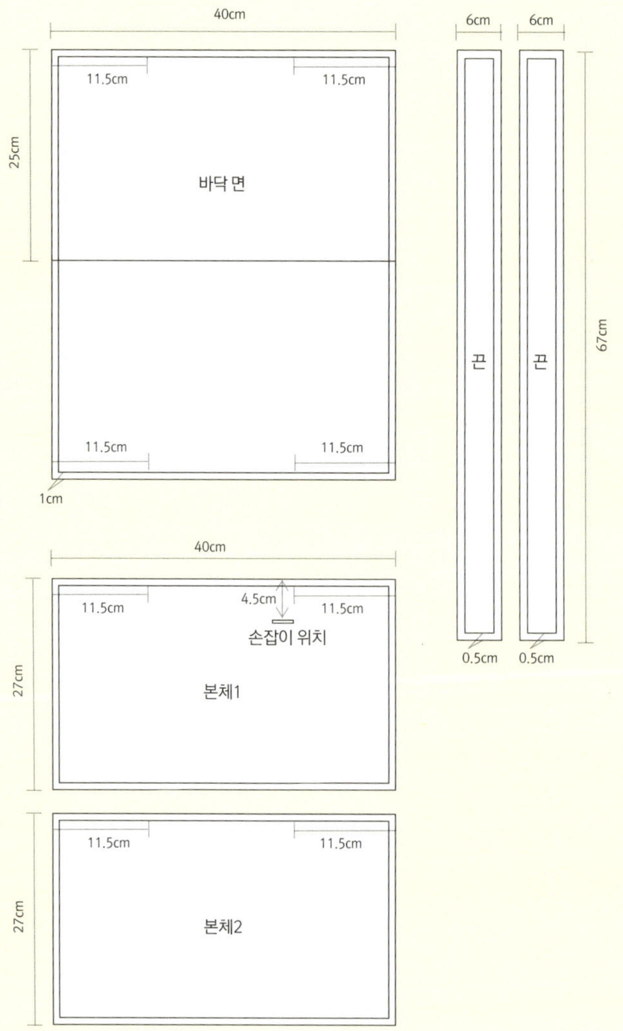

식서 방향

바닥 면

본체1
손잡이 위치

본체2

끈

MAKE

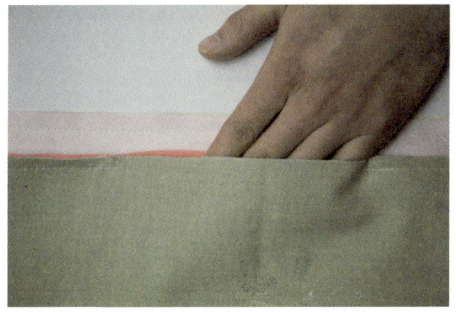

1 본체 2장과 바닥 면 1장, 어깨 끈, 지퍼 패치를 마름질한다.
2 본체1과 바닥 면을 박는다.
3 본체2와 바닥 면을 좌우 양쪽 끝에서 11.5cm까지 박는다. 단, 지퍼를 봉제할 공간은 남겨둔다.

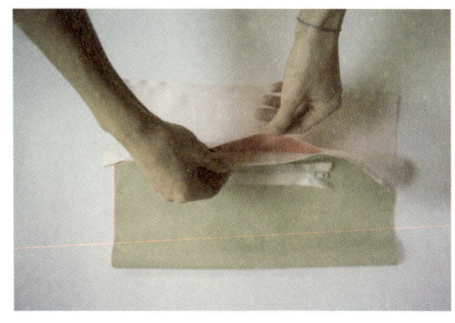 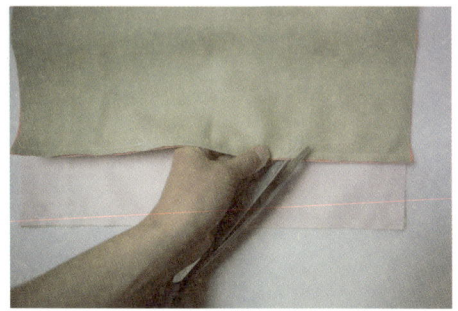

| 4 |

4 지퍼 쪽에 창구멍을 남기고, 창구멍의 양쪽 끝에 사선 가위집을 낸다.

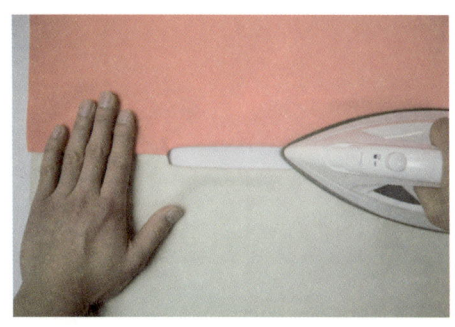 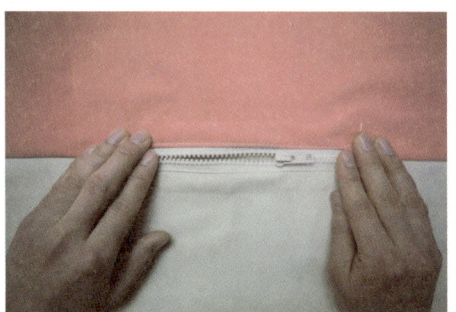

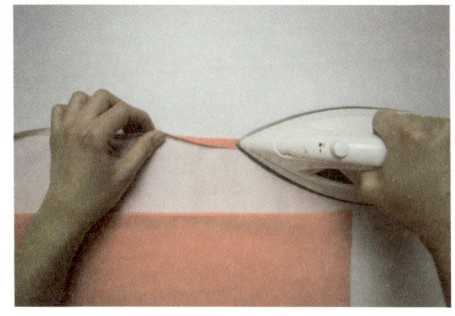 

| 5 | 6 |
| 7 | 8 |

5 정면에서 다림질해 지퍼 창구멍의 각을 잡는다.
6 15cm 지퍼를 박는다.
7 가방 입구 부분의 시접을 다림질해 각을 잡는다.
8 42cm 지퍼의 꼬리 부분에 패치를 덧대 막는다.

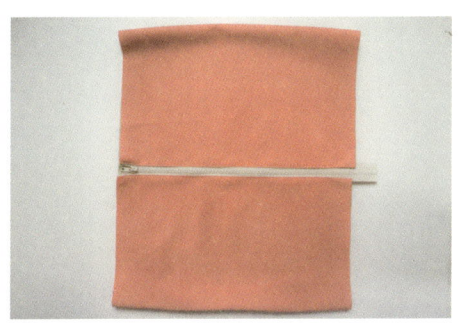
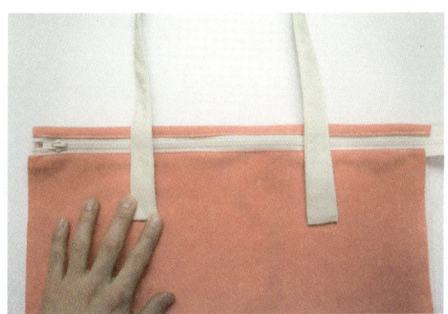

9	10
11	12

9 본체의 입구와 지퍼를 봉제한다.
10 가방 끈을 만든다(기본 에코백 참고).
11 가방 끈의 위치를 잡아 시침핀으로 고정한 뒤 가방 끈을 박는다.
12 뒤집어서 가방의 옆 선을 박고 다시 뒤집으면 완성된다.

양면 에코백

44page

READY

식서 방향

- 본체 겉면, 가방끈 용: 면 140 x 90cm
- 본체 안쪽 면용: 면 140 x 45cm
- 바닥 안쪽 면용: 면 127 x 30cm

44cm / 44cm / 60cm / 60cm

46cm — 본체 겉면 / 본체 겉면

68cm — 끈 / 끈

1cm

44cm / 44cm

33cm — 본체 안쪽 면 / 본체 안쪽 면

0.5cm / 0.5cm

44cm

24cm — 바닥 면

MAKE

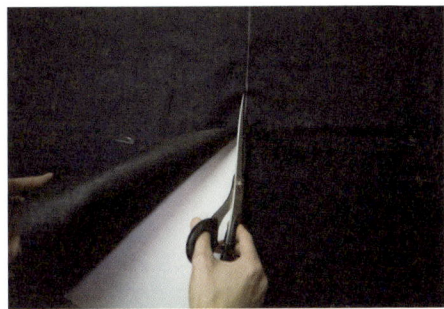

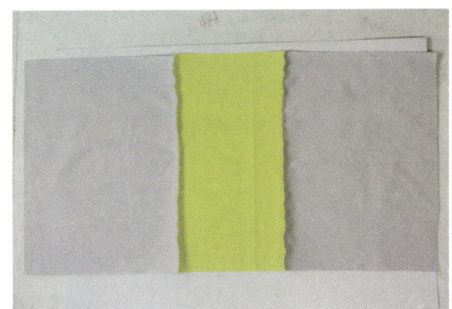

1 도안대로 그린 뒤 재단해 마름질한다.
2 안쪽 면의 본체와 바닥 면을 차례로 봉제한다.

3 안쪽 면의 바깥 면끼리 서로 포개놓은 후 양쪽 면을 박아 주머니 형태로 만든다.
4 가방의 겉면이 될 천도 바깥 면끼리 포갠 후 세 면을 봉제해 주머니 형태로 만든다.
5 가방 끈을 만든다(기본 에코백 참고).

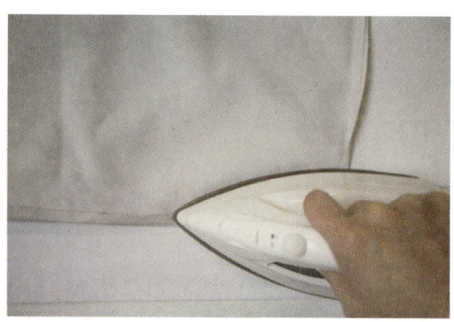

6 주머니 형태의 가방 겉면과 안쪽 면을 시접분이 가려지도록 서로 등지게 포갠 후
　가방 입구 시접을 서로 마주 보도록 다림질로 각을 잡는다.

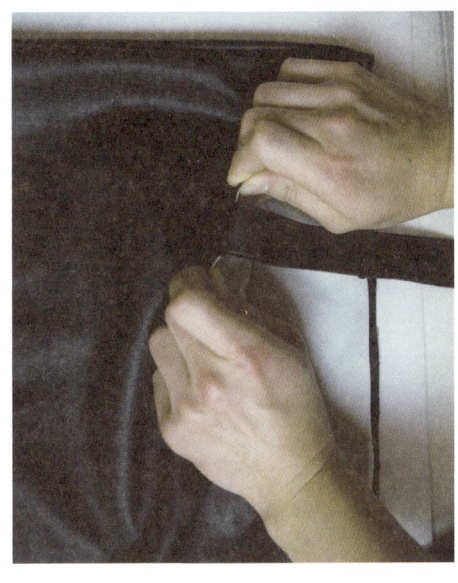

7 가방 끈의 위치를 정하여 시침핀으로 고정한 후 가방 입구를 따라 봉제한다.

[가방의 한쪽 면과 반대쪽 면]

스티치
에코백

50page

READY

- 본체, 손잡이, 주머니 용: 면 140 x 90cm
- 자수 도안
- 자수 색실
- 바늘

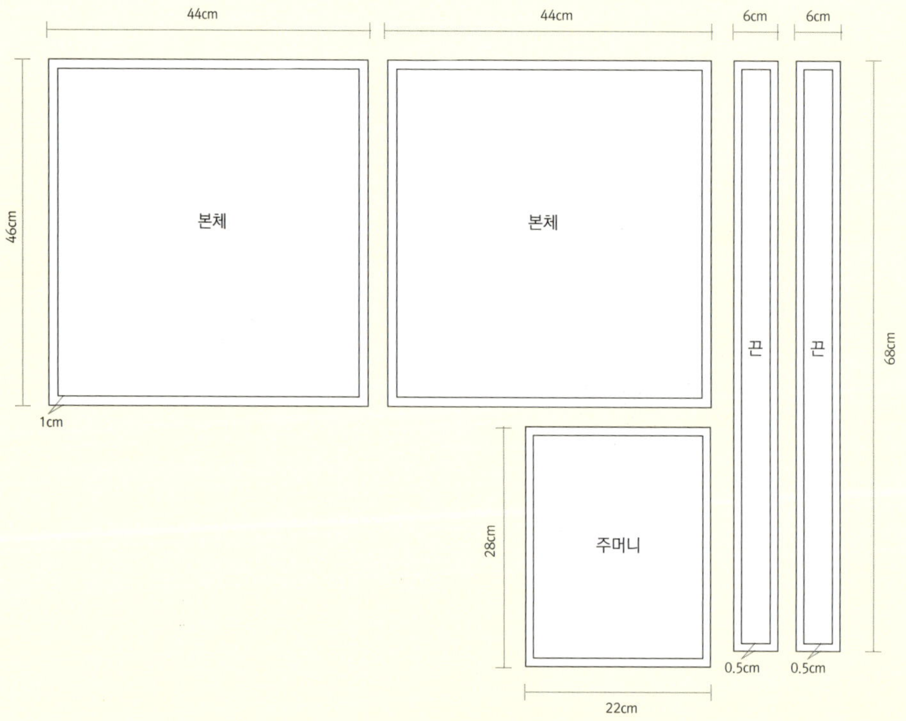

식서 방향

44cm — 본체 — 46cm (1cm)
44cm — 본체
6cm — 끈 — 68cm (0.5cm)
6cm — 끈 (0.5cm)
22cm — 주머니 — 28cm

MAKE

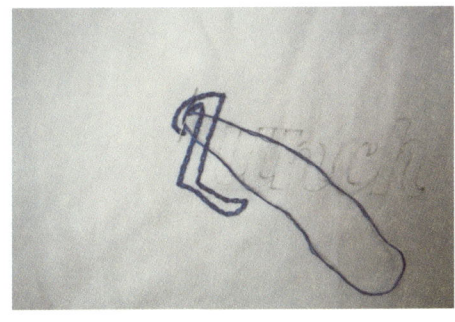 

| 2 |
| 3 |

1 기본 에코백 만드는 방식으로 본체와 가방 손잡이를 마름질한다.
2 본체 중 겉면이 될 부분에 미리 준비한 자수 도안대로 그린다.
3 그린 모양을 따라 자수를 놓는다.

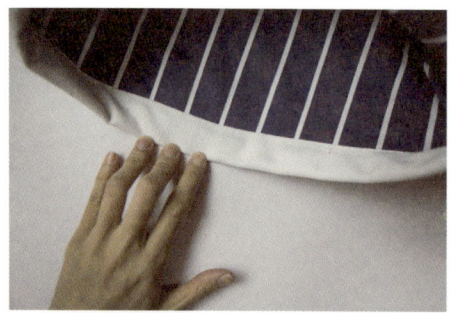

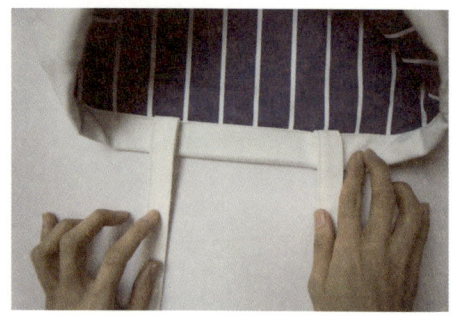
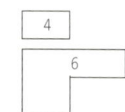

4 자수를 놓은 후 겉면끼리 마주 보도록 포갠 뒤 세 면을 차례로 봉제한다.
5 연결된 본체의 시접 올이 풀리지 않게 오버로크로 시접 처리한다.
6 가방의 손잡이와 본체의 시접 부분을 가름솔로 다림질하여 말아박기를 준비한다.
7 가방의 입구 쪽 시접 부분을 0.4cm 접어 다림질한 후 다시 1.5cm로 접어 다림질로 반듯하게 자국을 낸다.
8 접은 부분의 0.1cm 정도의 안쪽에서 봉제해 입구의 시접 처리를 마무리한다.
9 바닥 모서리를 8cm 너비로 삼각꼴로 접어 박아 바닥 면과 옆면을 만든다.
10 뒤집어 가방의 8cm 폭 양 옆면에 맞추어 0.1cm 들여박아 가방의 앞면과 옆면의 각을 만들어주면 완성된다.

| TIP | 체인스티치법 |

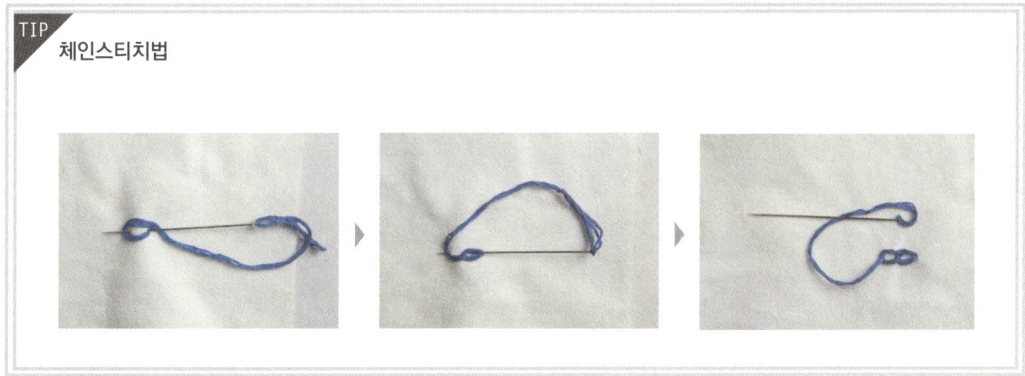

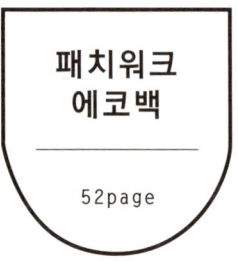

패치워크 에코백

52page

READY

↕ 식서 방향

· 기본 에코백
· 여러 종류의 자투리 천

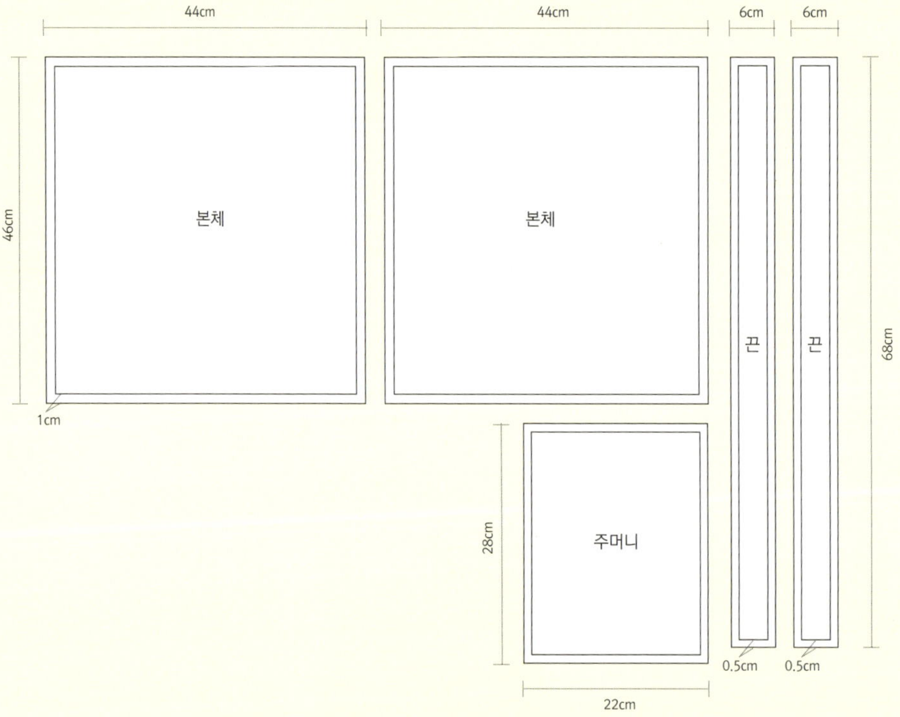

44cm
44cm
6cm
6cm
46cm
본체
본체
끈
끈
68cm
1cm
28cm
주머니
0.5cm
0.5cm
22cm

MAKE

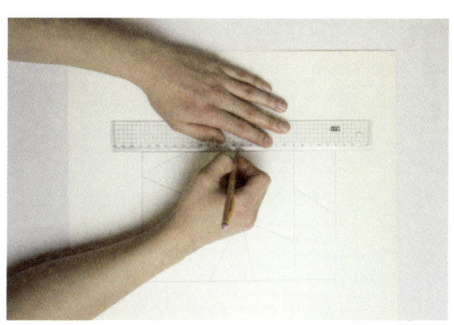

1	2
3	

1 원하는 패치 모양을 스케치한다.
2 자투리 천을 다양한 크기와 모양으로 자른 뒤 그려놓은 패치 형태대로 위치시킨다.
3 구성한 패치 형태가 마음에 든다면 그대로 연결해 패치 모양을 만든다.
4 미리 준비해놓은 기본 에코백에 패치를 붙여 봉제하면 나만의 에코백을 완성할 수 있다.

금속 장식 클러치

54page

READY

- 에코 클러치
- 비즈 장식(와펜, 스터드 등 다양한 부자재 사용)
- 자투리 천

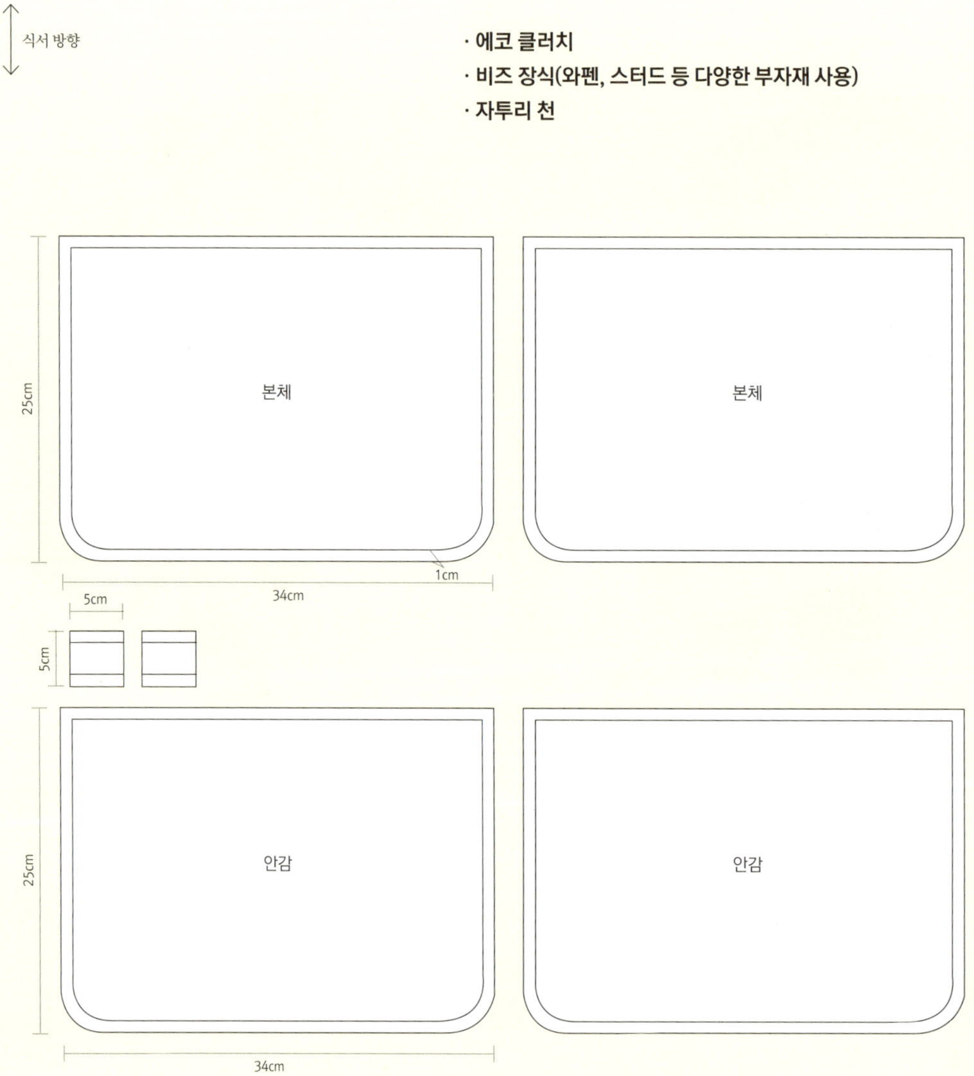

식서 방향

본체 25cm × 34cm (1cm)

본체

5cm × 5cm

안감 25cm × 34cm

안감

MAKE

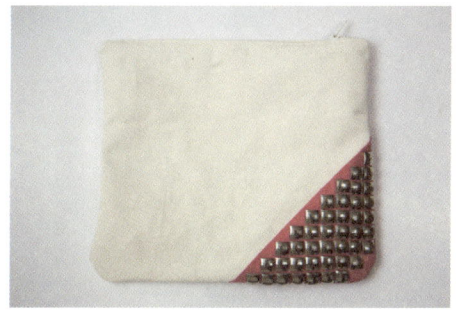

1. 자투리 천을 원하는 모양으로 재단한다. 자투리 천을 준비한 클러치 재단의 겉면에 어울리게 배열하고 마음에 든다면 봉제한다.
2. 준비한 비즈 장식을 자투리 천의 모양에 맞춰 나열하고 마음에 든다면 섬유용 본드로 접착한다.
3. 클러치 만드는 방법으로 겉감과 안감, 지퍼를 서로 이어 박는다(에코 클러치 참조).
4. 안감의 창구멍으로 클러치를 뒤집고, 창구멍을 박은 뒤, 열어놓았던 지퍼로 클러치를 뒤집으면 완성된다.

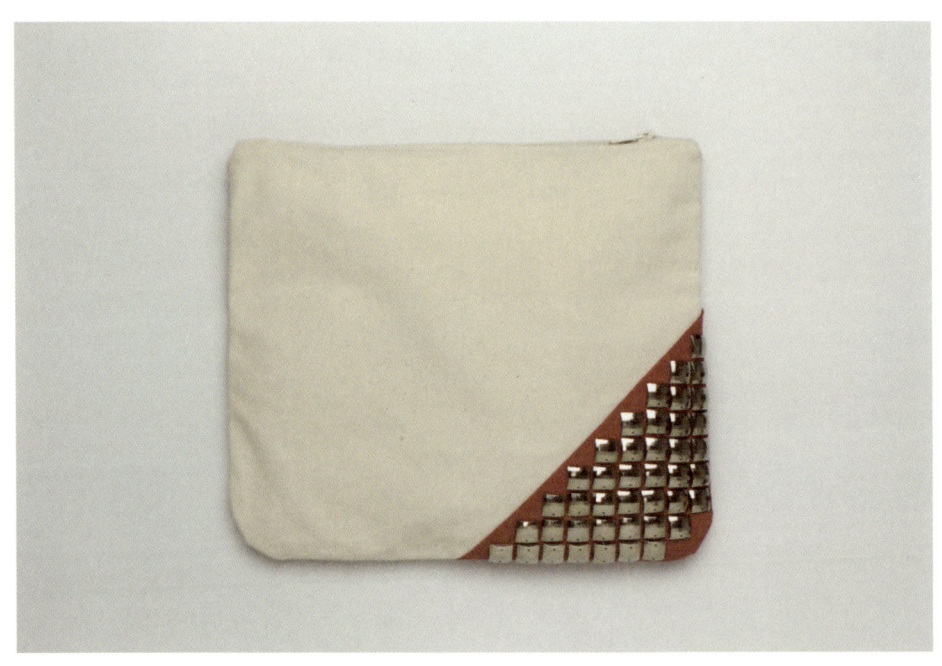

TIP
리벳 달기

리벳은 비즈와는 또 다른 방법으로 가방에 모양을 낼 수 있는 금속 장식이다. 부착하는 방법 또한 간단한데 먼저 동그란 쇠판에 리벳 다리를 끼운 뒤 리벳 구멍을 낸 원단을 리벳 다리 위에 끼워 넣는다. 그리고 리벳 헤드를 맞춰놓은 원단 위에 올려 쇠막대로 고정한 후 나무망치로 두드려 박으면 된다. 리벳을 적절히 사용하면 기능적으로나 심미적으로 우수한 에코백 제작이 가능하다.

부토니에 장식 에코백

56page

READY

↕ 식서 방향

· 기본 에코백
· 장식용 자투리 천
· 브로치 핀

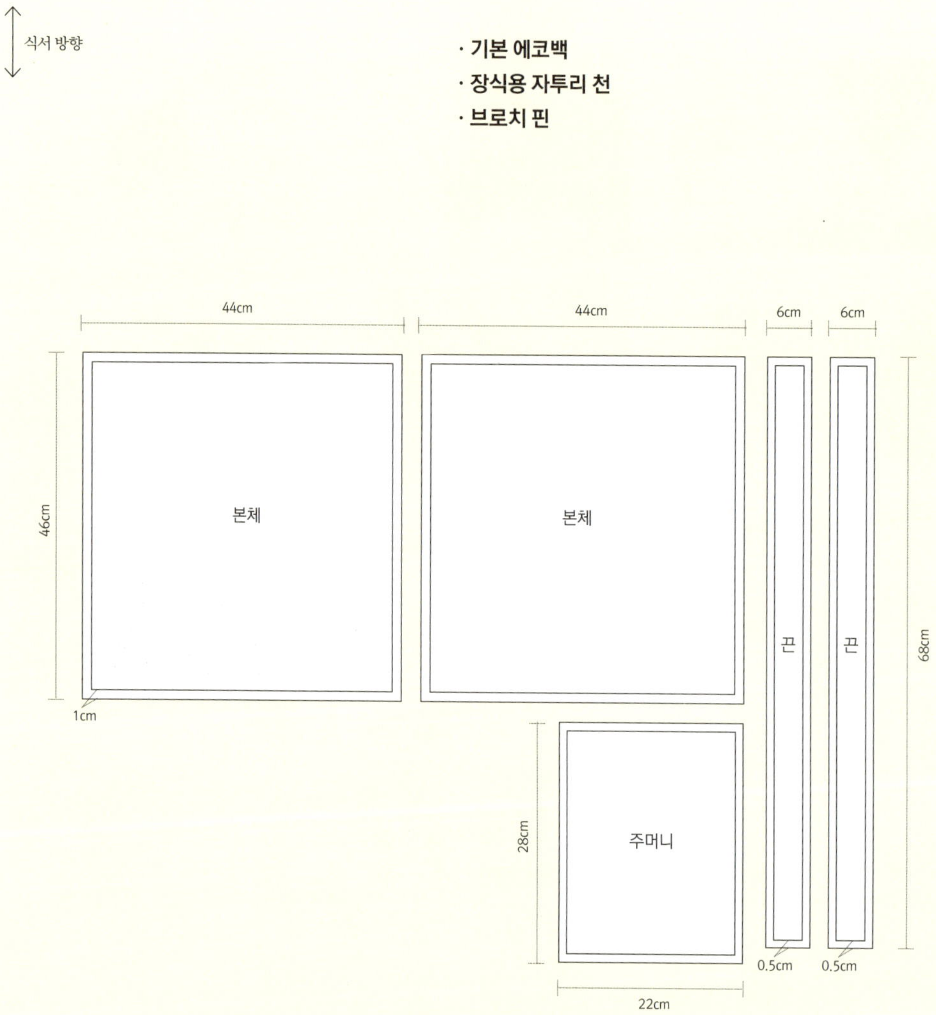

본체 44cm × 46cm (시접 1cm)
본체 44cm × 46cm
주머니 22cm × 28cm
끈 6cm × 68cm (시접 0.5cm)
끈 6cm × 68cm (시접 0.5cm)

MAKE

1 기본 에코백을 준비한다.
2 모아놓은 자투리 천을 오므려 꽃 모양을 만든다.
3 준비한 브로치 핀에 글루건으로 고정한다.
4 가방에 달면 완성된다.

데님 리폼
에코백

58page

READY

↕ 식서 방향

· 기본 에코백
· 안 입는 청바지
· 자투리 데님 천

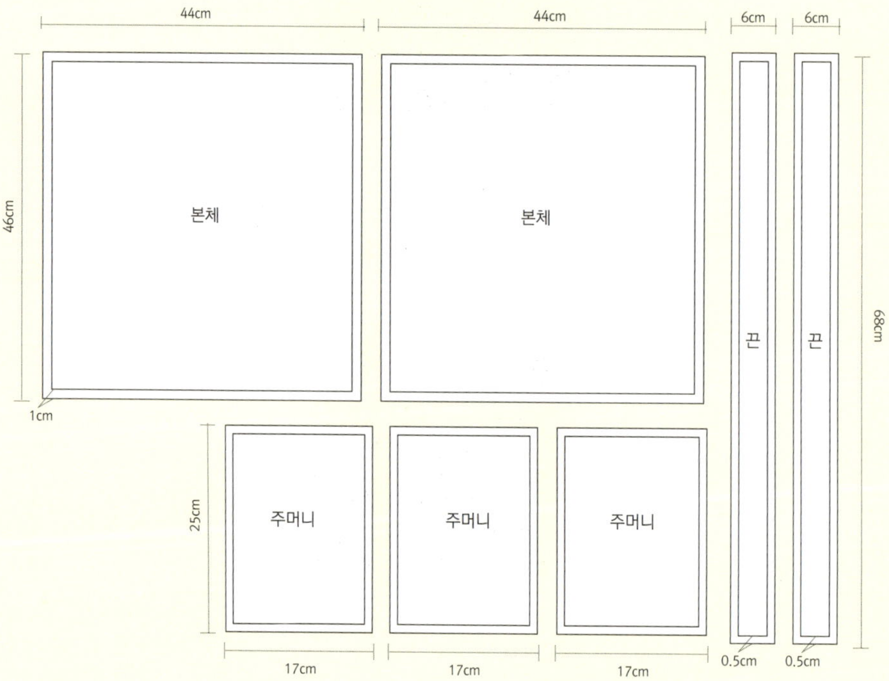

| 44cm | 44cm | 6cm | 6cm |

본체 / 본체 / 끈 / 끈

46cm, 68cm, 1cm

주머니 / 주머니 / 주머니

25cm, 17cm, 17cm, 17cm, 0.5cm, 0.5cm

MAKE

1	2
3	4

1 청바지와 데님자투리, 안감용 천을 기본 에코백 도안대로 재단하고 마름질한다.
2 세 가지 색상의 주머니(사이즈 17x25cm)를 각각 재단한다.
3 원단들을 뒤집어서 양쪽 시접분을 접어 패치워크한다.
4 주머니의 입구 부분을 말아박기로 시접 처리한다.
5 미리 준비한 기본 에코백의 한 면에 패치워크 주머니를 덧대어 박는다.

티셔츠 리폼 에코백①

60page

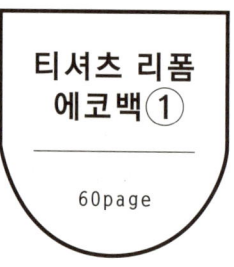

티셔츠 원단 에코백

READY

식서 방향

· 면 티셔츠 1장

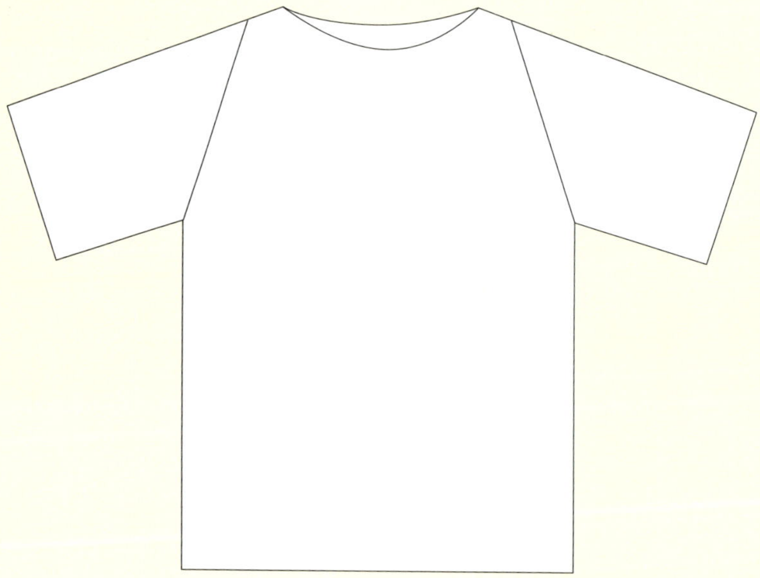

MAKE

1	2
3	4

1 리폼할 티셔츠를 다림질하여 준비한다.
2 티셔츠의 양쪽 팔을 분리한다.
3 분리된 팔 부분을 몸체와 수직으로 연결한다.
4 몸체의 바닥을 봉제한다.

5 가방 양쪽의 모서리를 세모꼴로 만들어 가방 폭(8cm)을 설정한다.
6 가방의 팔 입구 부분을 봉제한다.
7 가방의 팔을 서로 묶어 가방을 완성한다.

티셔츠 리폼 에코백 ②
60page

티셔츠의 문구를 활용한 에코백

READY

- 본체용: 면 60 x 110cm
- 면 티셔츠
- 면 테이프 112cm 2개

식서 방향

MAKE

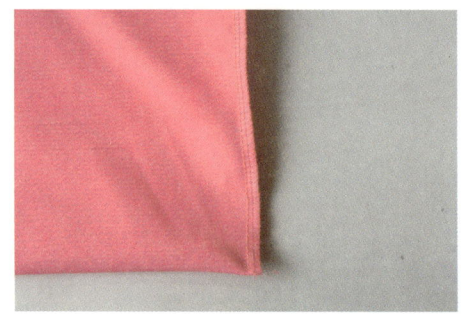

1	2
3	

1 본체를 도안대로 재단한다.
2 리폼할 티셔츠를 적당한 크기로 재단한 뒤 마음에 드는 곳에 재봉한다.
3 본체를 뒤집어서 윗부분을 제외한 옆면, 밑면을 지그재그 봉제 처리하여 시접을 정리한다. 오버로크 미싱이 있으면 간편하게 시접 정리가 가능하다.

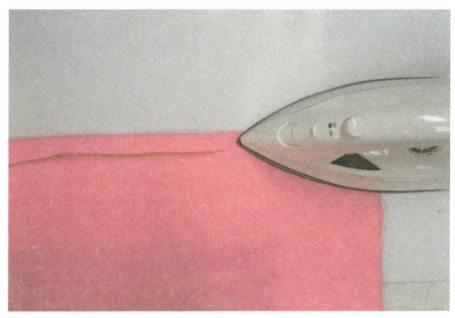

|4|5| 4 윗면의 시접분을 안쪽으로 들어오게 다림질한다.
     5 면 테이프(112cm)를 다림질한 시접 안쪽으로 봉제한다. 이때 봉제 시작점을 옆 부분 접합부에 일치시켜야 한다. 그래야 겉면에서 실밥이 뭉치지 않아 깨끗한 가봉이 가능하다.

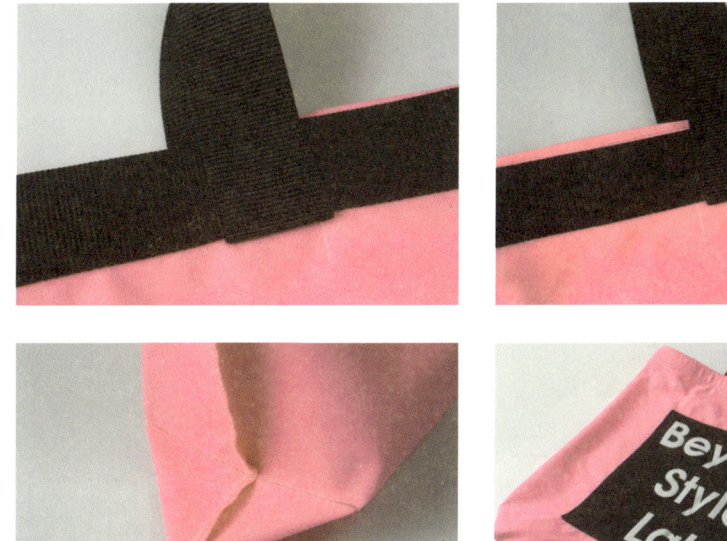

|6|
|7| 6 손잡이의 위치를 핀으로 고정한 후 면 테이프(112cm)와 함께 눌러 박는다.
     7 가방의 아랫부분을 세모꼴로 접어 박아 가방의 틀을 만들고, 뒤집으면 완성이다.

미니
에코백

66page

READY

↕ 식서 방향

· 본체, 손잡이, 주머니 용: 면 140 x 90cm
· 면 테이프 100cm

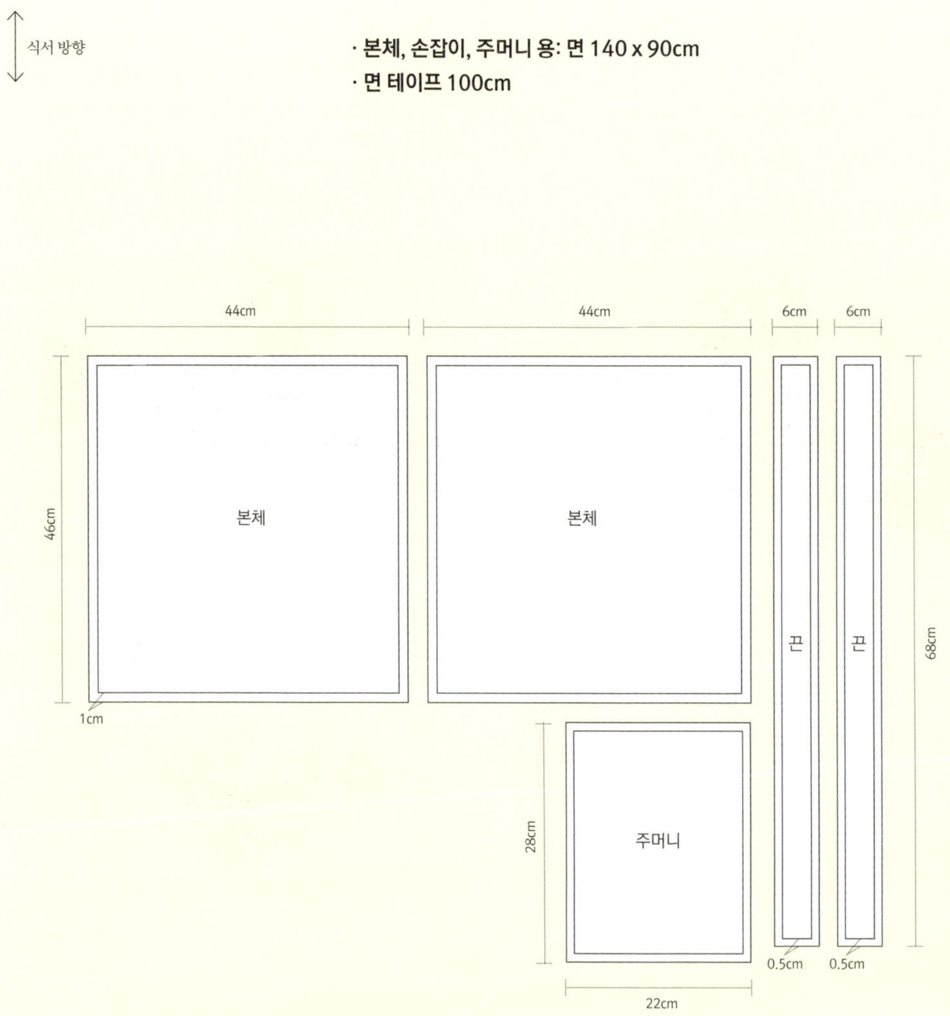

| 44cm | 44cm | 6cm | 6cm |

본체 (46cm) — 1cm

본체

끈 / 끈 (68cm)

주머니 (28cm × 22cm)

0.5cm 0.5cm

MAKE

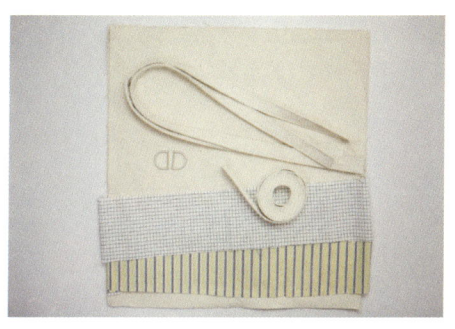
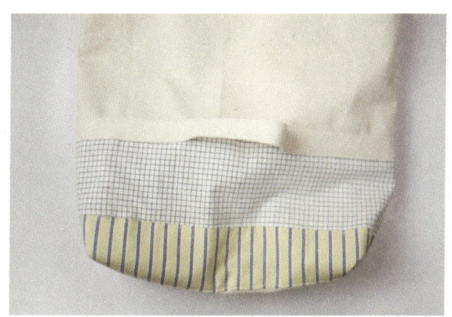

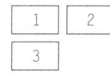

1 본체 2장, 손잡이 2장, 주머니 본을 도안대로 그린 후 재단해 마름질한다(기본 에코백 참조).
2 본체를 완성하면 본체의 중심선에 맞추어 면 테이프를 두른다. 손잡이가 될 부분은 박음질하지 않고 넉넉하게 띄워 손잡이 형태를 만든다.
3 면 테이프를 두를 시 옆면 봉제선을 중심으로 수직이 맞는지 확인한다.

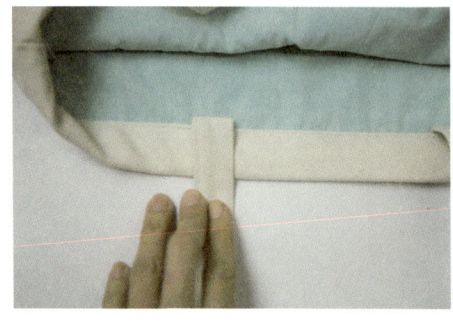 

4 가방의 안감을 만들고 입구 시접 처리를 하면서 같이 박는다. 가방의 안감과 겉감, 가방 끈을 동시에 박아 이중선이 없도록 하는 것이 중요하다.

5 포인트 문구를 넣고 싶다면 전사지에 원하는 문구나 단어를 좌우대칭이 되도록 인쇄 출력한 뒤 가방에 붙인다.

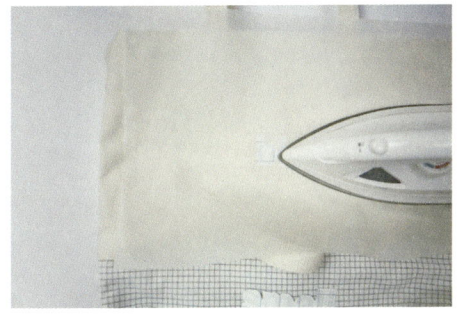

6 적당한 두께의 천을 덮고 다림질하여 이미지를 전사하면 완성된다.
7 본체 윗부분을 안쪽으로 접어 넣고 중간에 두른 손잡이를 이용하면 귀여운 토트백으로도 손색없다.

TIP

전사지를 활용한 타이포 디자인

전사스티커로 간편하게 타이포 디자인을 연출할 수 있다. 전사는 전사지에 간단한 그림이나 글자를 프린트한 후 다리미 열로 원단의 표면에 덧씌우는 기법으로 가방의 마무리 작업으로 문구를 표현하고 싶을 때 사용한다. 원하는 위치에 그림 혹은 문구를 인쇄한 전사지를 올리고 다리미로 2~3초 정도 눌러 열을 전도하면 원단에 그림이 옮겨진다.

* 전사지로 리폼한 가방은 뜨거운 온도에서의 세탁은 가급적 자제하고, 표백제 사용에도 주의해야 한다.

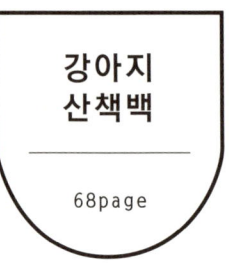

강아지 산책백

68page

READY

식서 방향

- 겉감용: 면 45 x 45cm
- 면 테이프 5cm 2개
- D링
- 고리
- 벨크로 암수 11cm

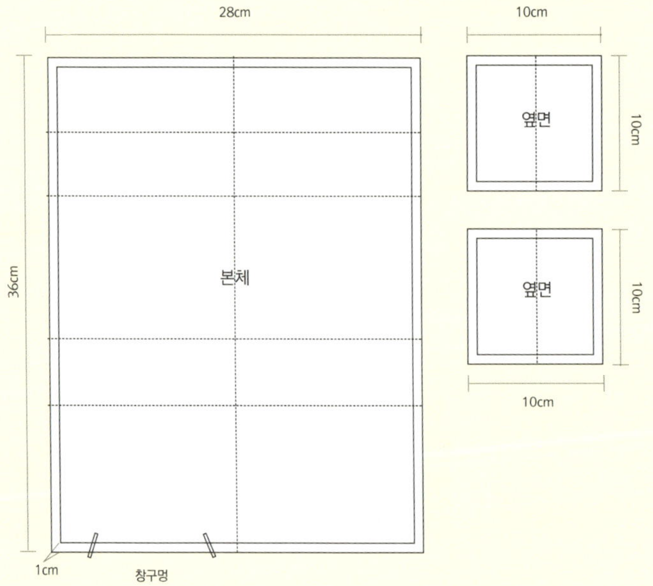

28cm
36cm
본체
1cm
창구멍
10cm
옆면
10cm
옆면
10cm
10cm

MAKE

1	2
3	4

1 본체 1장, 옆면 2장을 마름질한다.
2 본체와 옆면 2개를 창구멍을 제외한 3면을 박고 뒤집는다.
3 옆면 창구멍의 시접 분을 안쪽으로 접은 뒤 면 테이프와 금속 부속을 걸어서 같이 봉제한다.
4 본체의 창구멍도 시접 분을 안쪽으로 접어 다림질한 뒤 봉제한다.

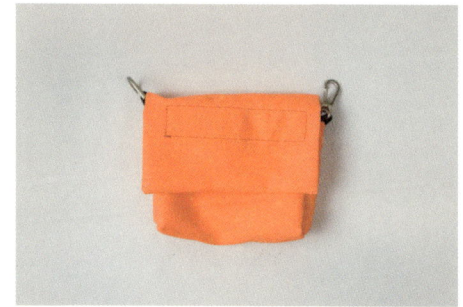

5 옆판을 본체의 막은 창구멍 있는 부분과 일치시킨 뒤 옆면과 밑면을 봉제한다.
6 반대편도 마찬가지로 봉제한다.
7 봉제된 몸체를 뒤집은 뒤 벨크로를 부착하면 완성이다.

노트북&태블릿 PC 파우치

70page

READY

↕ 식서 방향

· 본체 겉감용: 50 x 70cm
· 본체 안감용: 50 x 70cm
· 충전재용: 50 x 70cm
· 면 테이프 3 x 112cm
· 지퍼 46cm

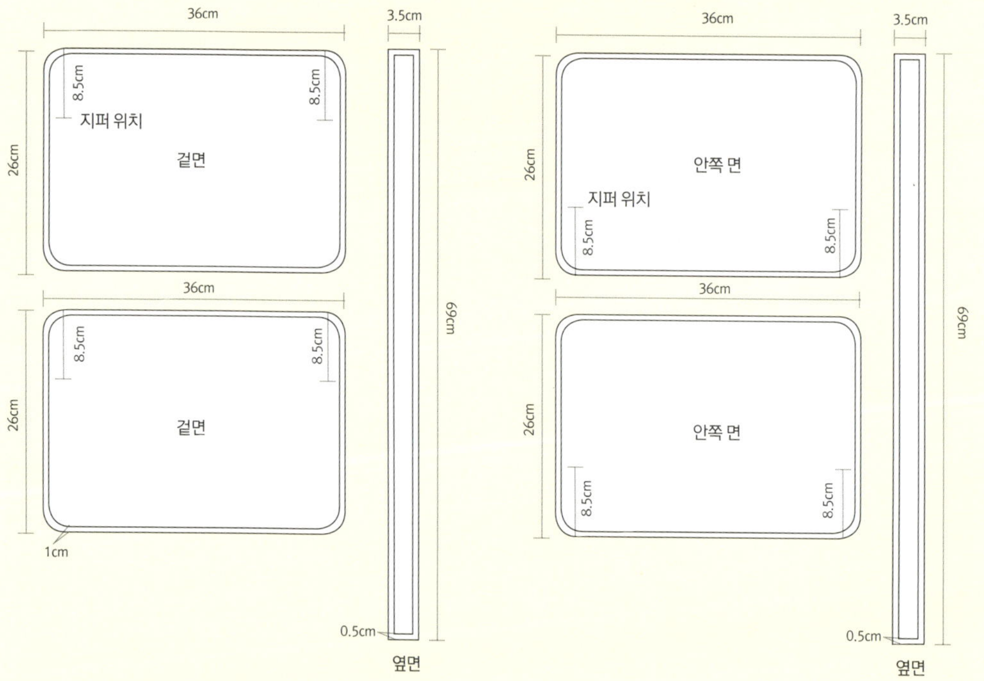

겉면 (36cm x 26cm, 지퍼 위치 8.5cm)
겉면 (36cm x 26cm, 1cm)
안쪽 면 (36cm x 26cm, 지퍼 위치 8.5cm)
안쪽 면 (36cm x 26cm)
옆면 (3.5cm x 69cm, 0.5cm)
옆면 (3.5cm x 69cm, 0.5cm)

MAKE

1 겉감과 안감, 충전재 용 원단을 노트북 파우치 도안(13inch 기준)대로 재단한 뒤 마름질한다.
2 재단한 겉감, 충전재, 안감을 순서대로 겹친 후 가장자리 1cm 시접을 주고 박는다(앞판, 뒤판 2세트).

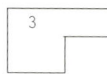

3 파우치의 측면 재단도 겉감, 충전재, 안감 순으로 박는다.

4 측면 양 끝 가장자리와 지퍼의 양쪽 끝부분을 맞대 봉제한다.
5 본체의 측면과 지퍼를 서로 연결한 모습.

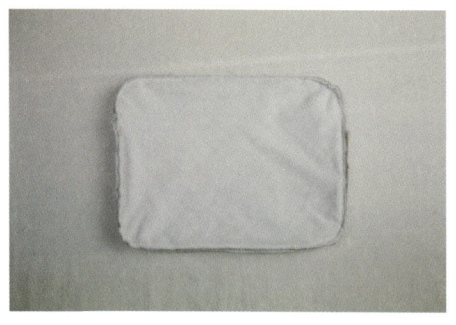
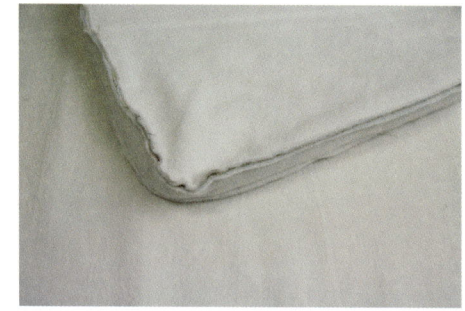

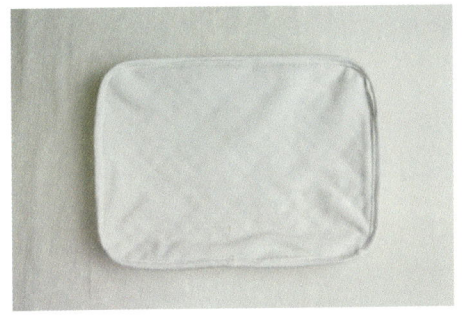

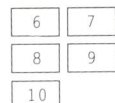

6 본체 한쪽 겉면과 측면 한쪽을 사진과 같이 봉제한다.

7 나머지 본체도 측면 파트에 마저 봉제한다.

8 지퍼 양쪽을 먼저 봉제하고 옆판과 지퍼 끝부분을 봉제한다. 본체와 측면을 봉제한 모습.

9 안쪽 면 가장자리를 깔끔하게 보이기 위해 바이어스 처리한다.

10 바이어스 2개를 봉제하고 뒤집으면 완성이다.

READY

- 본체 겉면, 내피 용: 면 40 x 40cm 2장
- 지퍼 32cm

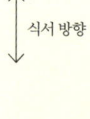
식서 방향

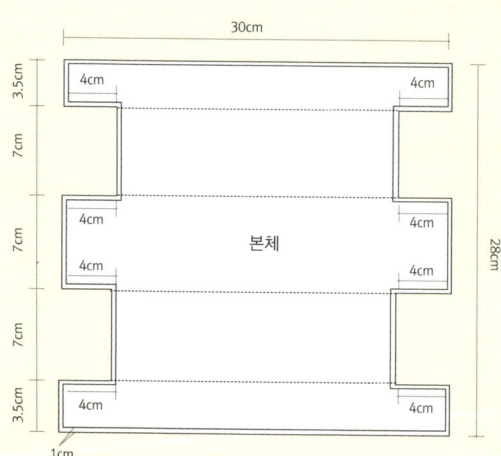

MAKE

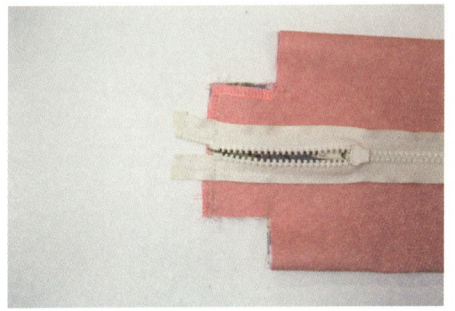

1	2
3	4

1 본체 1장, 내피 1장을 마름질한다.
2 본체에 지퍼를 다는 부분을 오버로크로 봉제한다.
3 지퍼를 다는 부분의 시접 1cm를 다리미로 다린 후 지퍼를 열어 양쪽에 봉제한다.
4 내피를 보이게 뒤집은 뒤 지퍼 양끝을 봉제한다.

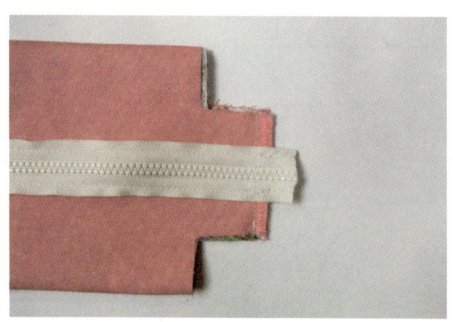
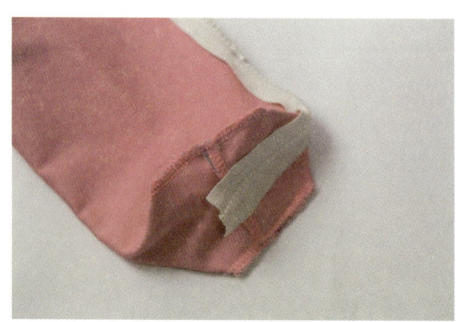

5 반대편 지퍼 끝부분도 봉제한다.
6 앞면을 접은 뒤 터져 있는 부분을 오버로크 혹은 바느질로 봉제한 뒤 뒤집으면 완성이다.

레저용
토트백

74page

READY

· 본체용: 면 83 x 105.5cm
· 바이어스 테이프 250cm
· 가방 끈용 면 테이프 168cm

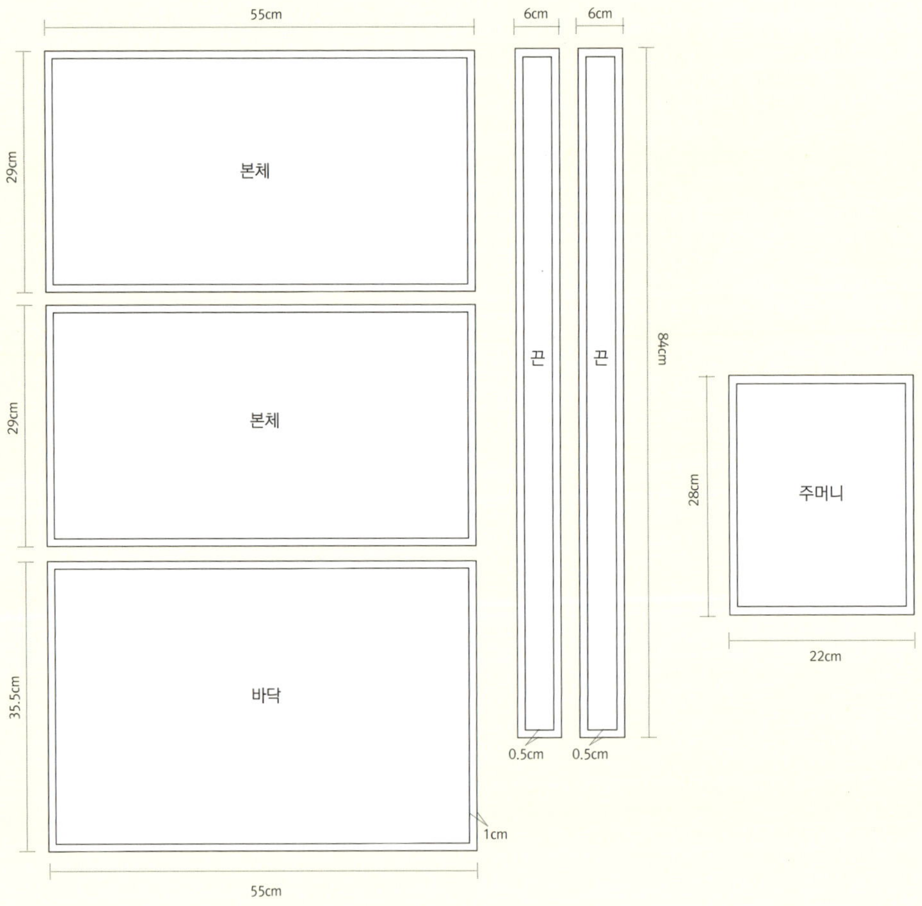

식서 방향

본체	55cm x 29cm
본체	55cm x 29cm
바닥	55cm x 35.5cm

끈: 6cm x 84cm (시접 0.5cm, 1cm)
끈: 6cm x 84cm

주머니: 22cm x 28cm

MAKE

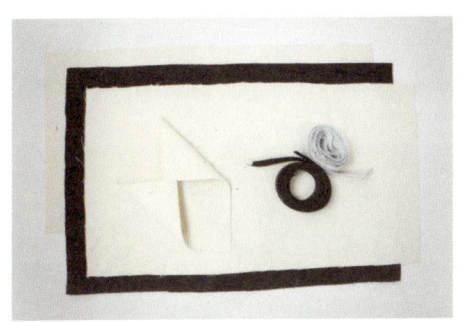

1 본체 2장, 바닥 면 1장, 주머니1장을 마름질한다. 면 테이프는 168cm에 맞추어 재단한다.
2 주머니의 상단 입구 부분을 말아박기로 봉제한다.
3 바닥 면과 본체 사이에 끈과 주머니를 위치시킨다.

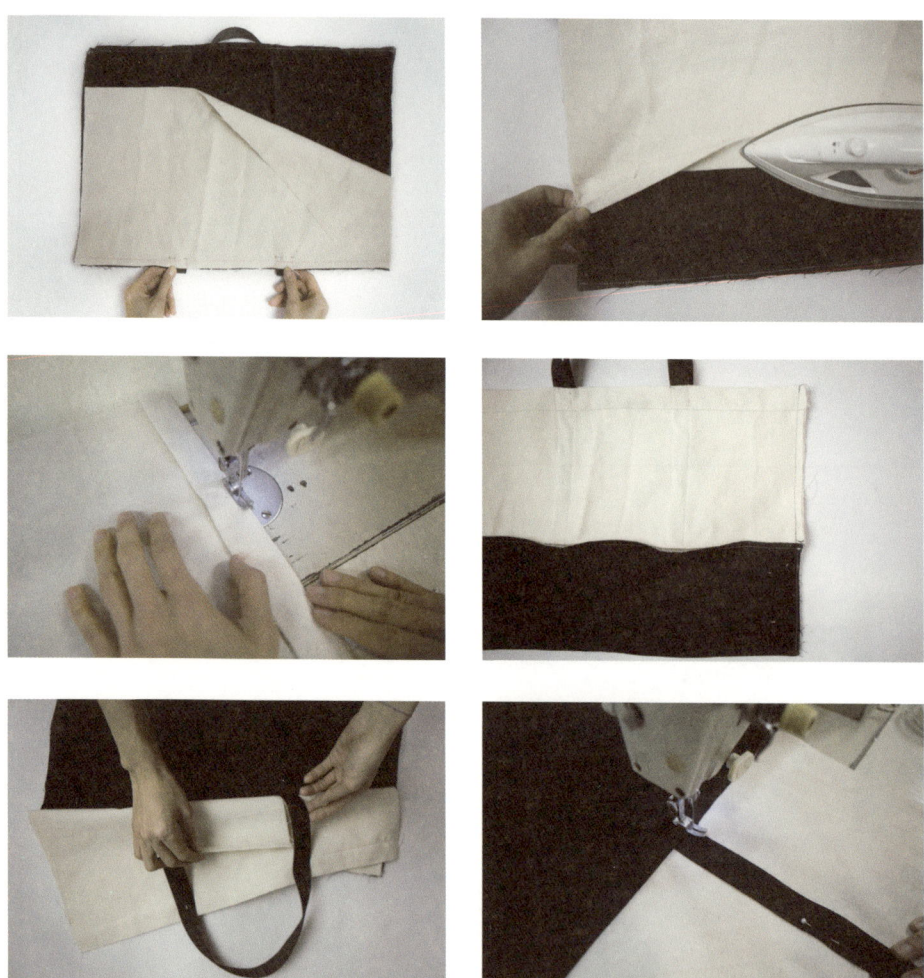

4	5
6	
7	8

4 시침핀으로 주머니와 끈을 원단에 고정해 봉제 시 틀어지지 않도록 한 뒤 본체와 바닥을 박는다.

5 본체 낱장의 입구 부분을 다리미로 각을 잡아 시접을 접는다.

6 가방의 입구를 라인을 따라 차례로 봉제한다.

7 가방과 끈을 서로 맞대 시침핀으로 고정하여 재봉 시 틀어지지 않게 한다.

8 가방의 겉면에서 끈을 눌러 박아준다. 뒤집어 가방의 양쪽 옆 선을 따라 봉제하여 가방의 모양을 완성한다.

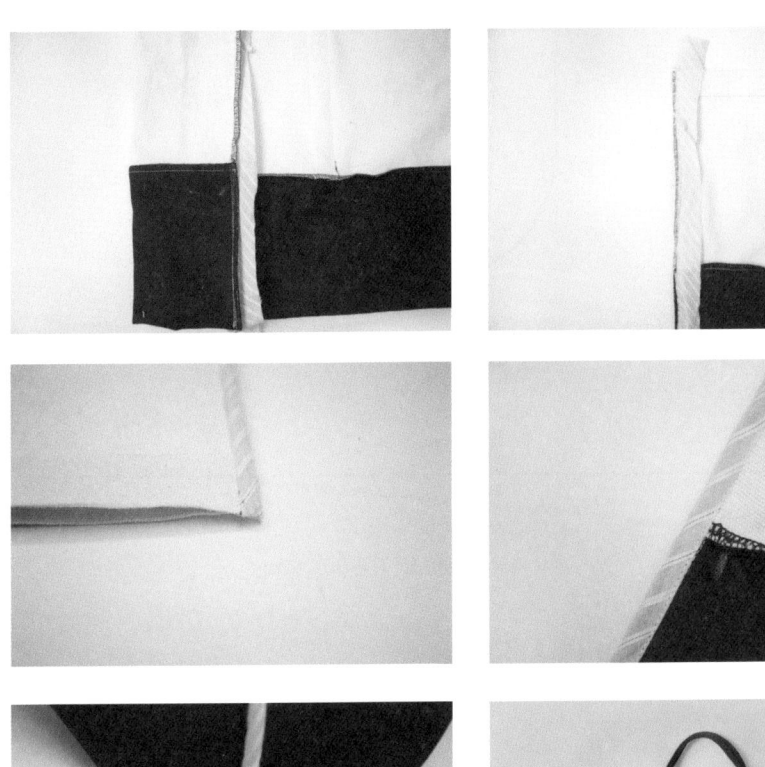

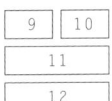

9 가방 옆 선을 재봉할 때에는 가방의 대칭을 확인하는 것이 좋다.
10 가방 옆 선에 바이어스 테이프를 대고 임시 고정한다.
11 가방의 뒷면 시접까지 바이어스를 시침핀으로 고정한 후 봉제한다.
12 가방의 양쪽 옆 선의 시접을 바이어스로 마무리한 뒤, 가방의 바닥 쪽 모서리를 세모꼴로 접어 박아 가방 폭을 만들면 완성된다.

TIP 가방 손잡이 꺾어 박기

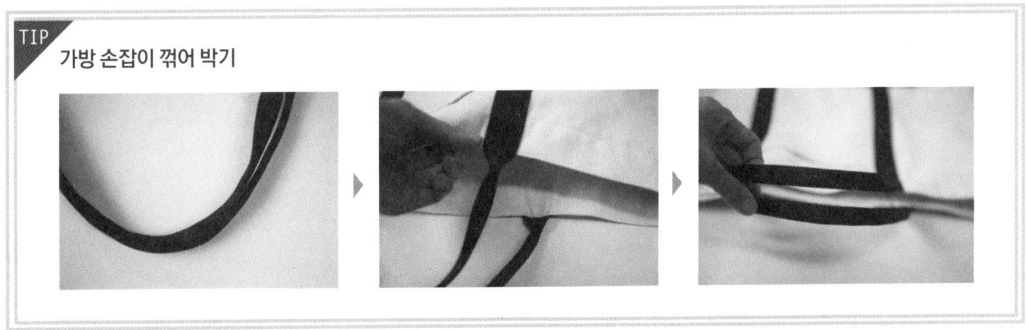

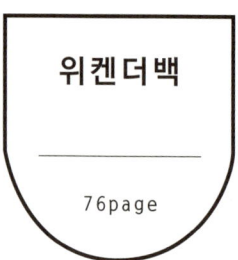

위켄더백

76page

READY

식서 방향

· 본체 겉면용: 면 90 x 70cm
· 본체 바닥, 손잡이 용: 가죽 80 x 50cm

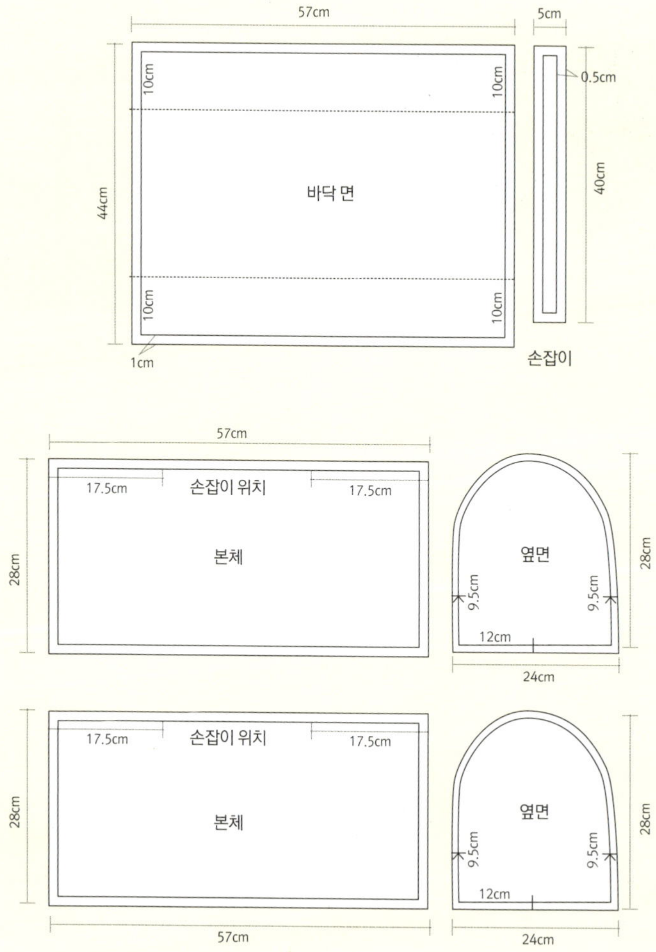

MAKE

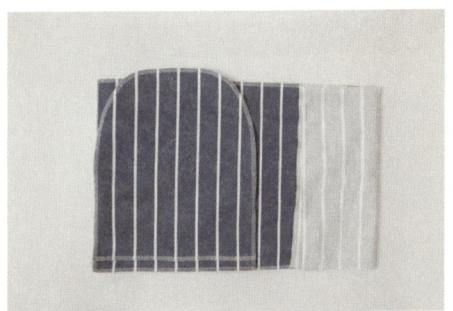
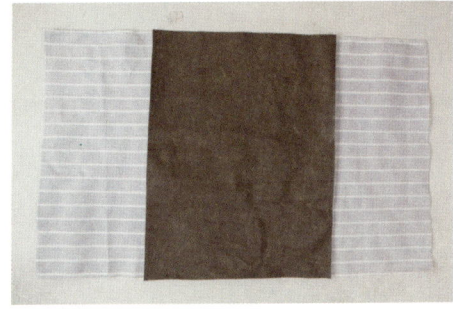

1	2
3	

1 본체 윗면 2장, 옆면 2장, 바닥 가죽 1장, 손잡이 2장을 마름질한다.
2 재단한 본체 윗부분 2장과 옆면 2장의 가장자리를 오버로크로 마감한다.
3 바닥 가죽과 본체 옆면 2개를 뒤집어서 재봉된 면이 안 보이게 박아준다.

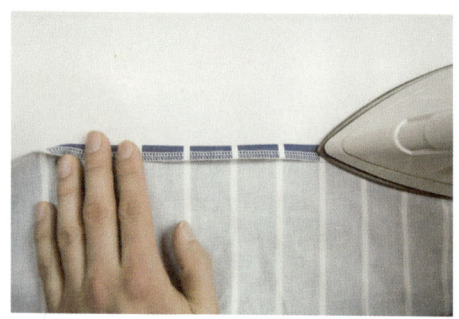
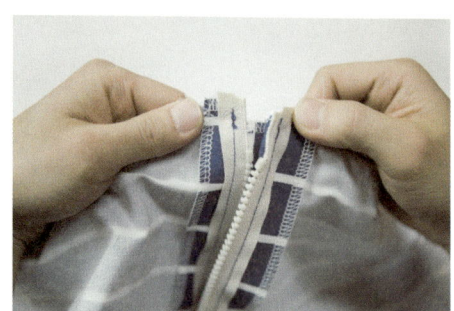

4	5
6	7
8	

4 옆판과 바닥 면의 중심점을 맞춰서 안쪽에서 박음질한다.
5 옆판의 바닥 부분에서 위쪽으로 봉제한다.
6 옆판 상단에 지퍼가 들어갈 공간을 남겨두고 봉제한다. 지퍼 부분을 마지막에 봉제해야 여유가 있다.
7 지퍼가 들어갈 부분의 공간에 맞춰 다림질한다.
8 지퍼의 양쪽을 먼저 봉제하고, 옆판과 지퍼 끝부분을 봉제한다.

9 손잡이 원단을 준비해 양 끝을 8cm씩 띄어서 봉제한다.
10 지퍼를 열고 손잡이 위치를 잡은 뒤 봉제한다.

에코백 리폼 소품 ①

78page

여행용 티슈케이스

MAKE

1 가방 한쪽 면을 분리한다.
2 시접을 포함한 사이즈로 가로 30cm, 세로 32cm에 맞추어 재단한다.
3 세로를 8.5cm-15cm-8.5cm로 분할하여 접는다.
4 입구의 트인 부분을 이중으로 접어서 꿰맨다.
5 양 옆의 시접 부분을 같은 방법으로 접어 꿰맨다.
6 안에 휴대용 티슈를 넣고 사용한다.

에코백 리폼 소품 ②

78page

가방모양 메모꽂이

MAKE

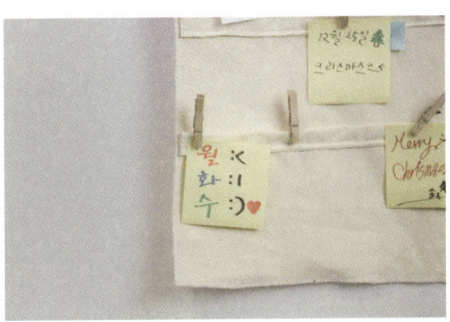 

1 가방 한쪽을 분리한다. 이때, 가방 끈은 모양을 살려준다.
2 나머지 한쪽 면 가방을 4cm 두께로 3개 잘라준다.
3 분리된 가방 가장자리를 오버로크 처리한다.
4 4cm 두께로 자른 천을 이중으로 접어서 꿰맨다.
5 띠 천을 몸통 3등분 된 자리에 하나씩 붙인다.
6 가방 끈 반 정도를 잘라서 고리를 만들어준다.
7 띠 천에 집게를 꽂아, 메모지를 달아준다.

에코백 리폼 소품 ③

78page

컵 홀더

MAKE

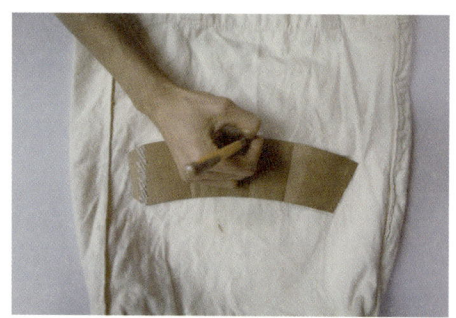
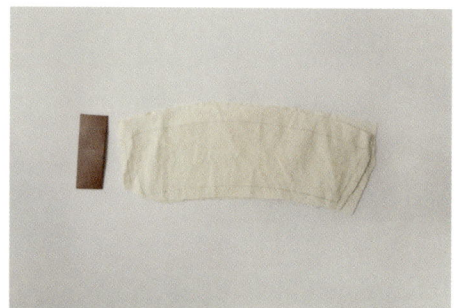

1 가방 본체에 컵 홀더 패턴을 대고 그린다.
2 마름질한다.
3 가장자리를 오버로크 처리한다.
4 잘린 천 양쪽 끝을 서로 붙여서 꿰맨다.

에코백 리폼 소품 ④

78page

코스터

MAKE

1. 컵 뚜껑을 패턴 삼아 가방 본체에 대고 그린다.
2. 마름질한다.
3. 가장자리를 오버로크한다.

EPILOGUE

이 책을 준비하면서 크고 작은 기쁨을 배웠습니다.
가족, 동료, 친구들과 에코백에 관해 여러 번의 질문과 고민을 하며 수정을 거듭했고, 힘들었던 시간에는 부족한 부분을 서로 채워주면서 마감에 이르니, 이제는 재미있고 즐거웠고 또 행복했다라고 감히 말할 수 있을 것 같습니다.

『심플 라이프 에코백』은 저로서도 에코 라이프에 관한 답을 찾는 과정이었습니다. 경험을 공유하는 요즘 트렌드에 맞추어, 가장 나답고, 가장 기본에 가까운 에코백이 무엇인지 고민했습니다. 에코백이 담아내는 환경의식의 심오한 의미나 패션 트렌드로서의 가치를 논하기보다는, 단순한 한 도시인이 느끼는 소박한 라이프스타일 정도로 보아주시면 어떨까 싶습니다.

원고를 마감하며 시작부터 끝까지 함께해준 사람들에게 감사의 인사를 하고 싶습니다.
스튜디오에서부터 박람회까지 오가면서 에코백에 관한 조언을 도맡아준 희연, 혜원, 유리 언니와 유나 언니 정말 고맙습니다. 또 멋진 일러스트로 책에 생기를 넣어준 작가 강인, 에코백에 가장 잘 어울리는 꽃으로 멋진 스타일링을 해주신 미드나잇블루 플로리스트 진희 언니, 스티치 작업을 도와주신 연실 언니, 첫 구슬을 잘 꿰게 해준 햇님 씨, 마지막 매듭까지 최선을 다해 도와주신 지은 씨, 멋진 사진이 나오게 해주신 502studio 이동원 작가님, 그리고 감각 있는 솜씨로 샘플작업을 도와준 태우와 동료들 모두 감사합니다.

마지막으로 어려서부터 지금까지 무한한 영감과 긍정의 에너지를 주신 어머니가 없었더라면 에코백 작업은 상상도 못했을 것이라 생각합니다. 패션 감각은 누구도 따라올 수 없을 어머니께 이 책을 빌려 감사의 인사를 드리고 싶습니다.

| 심 플 라 이 프 에 코 백 |

초판 1쇄 인쇄 | 2015년 6월 23일
초판 1쇄 발행 | 2015년 6월 30일

지은이 | 김안나
발행인 | 이원주

임프린트 대표 | 김경섭
기획편집 | 한선화 · 김순란 · 강경양 · 한지은
디자인 | 정정은 · 김덕오
마케팅 | 노경석 · 조안나 · 이철주 · 이유진
제작 | 정웅래 · 김영훈

사진 | 이동원
일러스트 | 김강인
촬영장소 협찬 | GROUND H, 502 studio(연희점)

발행처 | 미호
출판등록 | 2011년 1월 27일(제321-2011-000023호)

주소 | 서울특별시 서초구 사임당로 82
전화 | 편집 (02) 3487-1141 · 영업 (02) 3471-8046

ISBN 978-89-527-7394-4 13590

이 책의 내용을 무단 복제하는 것은 저작권법에 의해 금지되어 있습니다.
파본이나 잘못된 책은 구입한 곳에서 교환해드립니다.